卞尺丹几乙しﾒ丹卞と
Translated Language Learning

The Communist Manifesto
공산당 선언

Karl Marx & Friedrich Engels

English / 한국어

Introduction
소개

A spectre is haunting Europe — the spectre of Communism
공산주의의 유령이 유럽을 떠돌고 있다

All the Powers of old Europe have entered into a holy alliance to exorcise this spectre
옛 유럽의 모든 강대국은 이 유령을 쫓아내기 위해 신성한 동맹을 맺었습니다

Pope and Czar, Metternich and Guizot, French Radicals and German police-spies
교황과 황제, 메테르니히와 귀조, 프랑스 급진파와 독일 경찰 스파이

Where is the party in opposition that has not been decried as Communistic by its opponents in power?
야당이 집권 반대파로부터 공산주의자라고 비난받지 않은 정당이 어디 있겠는가?

Where is the Opposition that has not hurled back the branding reproach of Communism, against the more advanced opposition parties?
공산주의라는 낙인찍힌 비난을 더 선진적인 야당에 쏟아붓지 않은 야당이 어디 있겠는가?

And where is the party that has not made the accusation against its reactionary adversaries?
그리고 반동적인 적대자들에 대한 비난을 하지 않은 당이 어디 있겠는가?

Two things result from this fact
이 사실에서 두 가지 결과가 발생합니다

I. Communism is already acknowledged by all European Powers to be itself a Power
I. 공산주의는 이미 유럽의 모든 강대국들에 의해 그 자체로 강대국으로 인정되고 있다

II. It is high time that Communists should openly, in the face of the whole world, publish their views, aims and tendencies
II. 공산주의자들이 전 세계 앞에서 그들의 견해와 목표와 경향을 공개적으로 발표해야 할 때이다

they must meet this nursery tale of the Spectre of Communism with a Manifesto of the party itself

그들은 공산주의의 망령에 대한 이 동화를 당 자체의 선언으로 만나야 한다

To this end, Communists of various nationalities have assembled in London and sketched the following Manifesto

이를 위해 다양한 국적의 공산주의자들이 런던에 모여 다음과 같은 선언문을 작성했다

this manifesto is to be published in the English, French, German, Italian, Flemish and Danish languages

이 선언문은 영어, 프랑스어, 독일어, 이탈리아어, 플랑드르어 및 덴마크어로 출판되어야 합니다

And now it is to be published in all the languages that Tranzlaty offers

그리고 이제 Tranzlaty가 제공하는 모든 언어로 출판될 예정입니다

Bourgeois and the Proletarians
부르주아지와 프롤레타리아

The history of all hitherto existing societies is the history of class struggles

지금까지 존재하는 모든 사회의 역사는 계급투쟁의 역사이다

Freeman and slave, patrician and plebeian, lord and serf, guild-master and journeyman

자유인과 노예, 귀족과 평민, 영주와 농노, 길드 마스터와 숙련공

in a word, oppressor and oppressed

한마디로 압제자와 피억압자입니다

these social classes stood in constant opposition to one another

이 사회 계급들은 끊임없이 서로 대립하고 있었다

they carried on an uninterrupted fight. Now hidden, now open

그들은 쉬지 않고 싸움을 계속했다. 이제 숨겨져 있습니다.

a fight that either ended in a revolutionary re-constitution of society at large

이 싸움은 사회 전반의 혁명적 재구성으로 끝났다

or a fight that ended in the common ruin of the contending classes

또는 다투는 계급들의 공통된 파멸로 끝난 싸움

let us look back to the earlier epochs of history

역사의 초기 시대를 되돌아 보자

we find almost everywhere a complicated arrangement of society into various orders

우리는 거의 모든 곳에서 사회가 다양한 계층으로 복잡하게 배열되어 있는 것을 발견한다

there has always been a manifold gradation of social rank

사회적 지위에는 항상 다양한 등급이 있었다

In ancient Rome we have patricians, knights, plebeians, slaves

고대 로마에는 귀족, 기사, 평민, 노예가 있습니다

in the Middle Ages: feudal lords, vassals, guild-masters, journeymen, apprentices, serfs

중세 시대 : 봉건 영주, 봉신, 길드 마스터, 숙련공, 견습생, 농노

in almost all of these classes, again, subordinate gradations

거의 모든 수업에서 다시 하위 등급입니다

The modern Bourgeoisie society has sprouted from the ruins of feudal society

현대 부르주아 사회는 봉건 사회의 폐허에서 싹을 틔웠다

but this new social order has not done away with class antagonisms

그러나 이 새로운 사회 질서는 계급 적대감을 없애지 못했다

It has but established new classes and new conditions of oppression

그것은 단지 새로운 계급과 새로운 억압의 조건들을 확립했을 뿐이다

it has established new forms of struggle in place of the old ones

그것은 낡은 투쟁 대신에 새로운 형태의 투쟁을 확립했다

however, the epoch we find ourselves in possesses one distinctive feature

그러나 우리가 살고 있는 이 시대에는 한 가지 뚜렷한 특징이 있습니다

the epoch of the Bourgeoisie has simplified the class antagonisms

부르주아지의 시대는 계급적 적대를 단순화시켰다

Society as a whole is more and more splitting up into two great hostile camps

사회 전체는 점점 더 두 개의 거대한 적대적인 진영으로 분열되고 있다

two great social classes directly facing each other: Bourgeoisie and Proletariat

서로 직접 대면하는 두 개의 거대한 사회 계급: 부르주아지와 프롤레타리아트

From the serfs of the Middle Ages sprang the chartered burghers of the earliest towns

중세의 농노들로부터 가장 초기의 도시들의 전세 된 부르거들이 솟아났다

From these burgesses the first elements of the Bourgeoisie were developed

이 버제스로부터 부르주아지의 첫 번째 요소들이 개발되었다

The discovery of America and the rounding of the Cape
아메리카 대륙의 발견과 케이프의 일주

these events opened up fresh ground for the rising Bourgeoisie
이 사건들은 떠오르는 부르주아지에게 새로운 지평을 열었다

The East-Indian and Chinese markets, the colonisation of America, trade with the colonies
동인도와 중국 시장, 아메리카 대륙의 식민지화, 식민지와의 무역

the increase in the means of exchange and in commodities generally
교환 수단과 상품의 증가

these events gave to commerce, navigation, and industry an impulse never before known
이러한 사건들은 상업, 항해 및 산업에 이전에는 결코 알려지지 않았던 자극을 주었다

it gave rapid development to the revolutionary element in the tottering feudal society
그것은 비틀거리는 봉건 사회에서 혁명적 요소를 급속히 발전시켰다

closed guilds had monopolised the feudal system of industrial production
폐쇄된 길드가 봉건적 산업 생산 체제를 독점하고 있었다

but this no longer sufficed for the growing wants of the new markets
그러나 이것은 더 이상 새로운 시장의 증가하는 수요를 충족시키기에 충분하지 않았다

The manufacturing system took the place of the feudal system of industry
제조업 체제는 봉건적 산업 체제를 대신했다

The guild-masters were pushed on one side by the manufacturing middle class
길드 마스터들은 제조업 중산층에 의해 한쪽으로 밀려났다

division of labour between the different corporate guilds vanished
서로 다른 기업 길드 간의 분업이 사라졌습니다

the division of labour penetrated each single workshop

분업은 각 작업장에 침투했다

Meantime, the markets kept ever growing, and the demand ever rising

그러는 동안 시장은 계속 성장했고 수요는 계속 증가했습니다

Even factories no longer sufficed to meet the demands

공장조차도 더 이상 수요를 충족시키기에 충분하지 않았습니다

Thereupon, steam and machinery revolutionised industrial production

그 후 증기와 기계는 산업 생산에 혁명을 일으켰습니다

The place of manufacture was taken by the giant, Modern Industry

제조의 장소는 거인, 현대 산업이 차지했습니다

the place of the industrial middle class was taken by industrial millionaires

산업 중산층의 자리는 산업 백만장자들이 차지했다

the place of leaders of whole industrial armies were taken by the modern Bourgeoisie

전체 산업 군대의 지도자들의 자리는 현대 부르주아지가 차지했다

the discovery of America paved the way for modern industry to establish the world market

아메리카 대륙의 발견은 현대 산업이 세계 시장을 형성할 수 있는 길을 열었습니다

This market gave an immense development to commerce, navigation, and communication by land

이 시장은 육로를 통한 상업, 항해 및 통신에 엄청난 발전을 가져왔습니다

This development has, in its time, reacted on the extension of industry

이 발전은 그 시간에 산업의 확장에 반응했습니다

it reacted in proportion to how industry extended, and how commerce, navigation and railways extended

그것은 산업이 확장되는 방식과 상업, 항해 및 철도가 확장되는 방식에 비례하여 반응했습니다

in the same proportion that the Bourgeoisie developed, they increased their capital

부르주아지가 발전한 것과 같은 비율로, 그들은 자본을 늘렸다

and the Bourgeoisie pushed into the background every class handed down from the Middle Ages

그리고 부르주아 계급은 중세로부터 전해 내려온 모든 계급을 뒷전으로 밀어냈다

therefore the modern Bourgeoisie is itself the product of a long course of development

그러므로 현대 부르주아지는 그 자체로 오랜 발전 과정의 산물이다

we see it is a series of revolutions in the modes of production and of exchange

우리는 그것이 생산양식과 교환양식의 일련의 혁명임을 본다

Each developmental Bourgeoisie step was accompanied by a corresponding political advance

부르주아지의 발전적 단계마다 그에 상응하는 정치적 전진이 수반되었다

An oppressed class under the sway of the feudal nobility

봉건 귀족의 지배 아래 있는 억압받는 계급

an armed and self-governing association in the mediaeval commune

중세 코뮌의 무장 및 자치 협회

here, an independent urban republic (as in Italy and Germany)

여기에는 이탈리아와 독일에서와 같이 독립 도시 공화국이 있습니다

there, a taxable "third estate" of the monarchy (as in France)

거기에, 군주국의 과세 가능한 "제 3 신분"(프랑스에서와 같이)

afterwards, in the period of manufacture proper

그 후, 적절한 제조 기간

the Bourgeoisie served either the semi-feudal or the absolute monarchy

부르주아 계급은 반(半)봉건 또는 절대 왕정에 복무했다

or the Bourgeoisie acted as a counterpoise against the nobility

또는 부르주아 계급이 귀족에 대항하는 대항마로 행동했다

and, in fact, the Bourgeoisie was a corner-stone of the great monarchies in general

그리고 사실, 부르주아 계급은 일반적으로 위대한 군주국들의

주춧돌이었다

but Modern Industry and the world-market established itself since then

그러나 현대 산업과 세계 시장은 그 이후로 자리 잡았습니다

and the Bourgeoisie has conquered for itself exclusive political sway

그리고 부르주아지는 배타적인 정치적 지배력을 스스로 장악했다

it achieved this political sway through the modern representative State

그것은 근대적 대의국가를 통하여 이러한 정치적 지배력을 획득하였다

The executives of the modern State are but a management committee

현대 국가의 집행자들은 단지 관리 위원회에 불과하다

and they manage the common affairs of the whole of the Bourgeoisie

그리고 그들은 부르주아 계급 전체의 공통된 일들을 관리한다

The Bourgeoisie, historically, has played a most revolutionary part

역사적으로 부르주아지는 가장 혁명적인 역할을 해왔다

wherever it got the upper hand, it put an end to all feudal, patriarchal, and idyllic relations

우위를 점하는 곳마다 모든 봉건적, 가부장적, 목가적 관계를 종식시켰다

It has pitilessly torn asunder the motley feudal ties that bound man to his "natural superiors"

그것은 인간을 "타고난 상급자"에게 묶어 놓았던 잡다한 봉건적 유대를 무자비하게 찢어 버렸다

and it has left remaining no nexus between man and man, other than naked self-interest

그리고 그것은 인간과 인간 사이에 적나라한 이기심 외에는 아무런 연결고리도 남기지 않았다

man's relations with one another have become nothing more than callous "cash payment"

인간과 인간의 관계는 냉담한 "현금 지불"에 지나지 않는다

It has drowned the most heavenly ecstasies of religious

fervour
그것은 종교적 열정의 가장 천상의 황홀경을 익사시켜 버렸다
it has drowned chivalrous enthusiasm and philistine sentimentalism
그것은 기사도의 열정과 속물적인 감상주의를 익사시켰다
it has drowned these things in the icy water of egotistical calculation
그것은 이러한 것들을 자기중심적인 계산의 얼음물 속에 빠뜨려 버렸다
It has resolved personal worth into exchangeable value
그것은 개인의 가치를 교환 가능한 가치로 바꾸어 놓았다
it has replaced the numberless and indefeasible chartered freedoms
그것은 셀 수 없이 많고 부인할 수 없는 헌장된 자유를 대체했다
and it has set up a single, unconscionable freedom; Free Trade
그리고 그것은 단 하나의 비양심적인 자유를 확립했다. 자유 무역
In one word, it has done this for exploitation
한마디로 착취를 위해 이런 짓을 한 것이다
exploitation veiled by religious and political illusions
종교적, 정치적 환상에 가려진 착취
exploitation veiled by naked, shameless, direct, brutal exploitation
벌거벗고, 뻔뻔하고, 직접적이고, 잔인한 착취로 가려진 착취
the Bourgeoisie has stripped the halo off every previously honoured and revered occupation
부르주아 계급은 이전에 영예롭고 존경받던 모든 직업에서 후광을 벗겨냈다
the physician, the lawyer, the priest, the poet, and the man of science
의사, 법률가, 성직자, 시인, 과학자
it has converted these distinguished workers into its paid wage labourers
정부는 이 뛰어난 노동자들을 유급 임금 노동자로 전환시켰다
The Bourgeoisie has torn the sentimental veil away from the family

부르주아 계급은 가족으로부터 감상적인 베일을 찢어버렸다

and it has reduced the family relation to a mere money relation

그리고 그것은 가족 관계를 단순한 돈 관계로 축소시켰다

the brutal display of vigour in the Middle Ages which Reactionists so much admire

반동주의자들이 그토록 찬양하는 중세의 잔인한 활력 과시

even this found its fitting complement in the most slothful indolence

이것조차도 가장 게으른 나태함에서 적절한 보완을 찾았다

The Bourgeoisie has disclosed how all this came to pass

부르주아 계급은 이 모든 일이 어떻게 이루어졌는지를 밝혔다

The Bourgeoisie have been the first to show what man's activity can bring about

부르주아 계급은 인간의 활동이 무엇을 가져올 수 있는지를 처음으로 보여주었다

It has accomplished wonders far surpassing Egyptian pyramids, Roman aqueducts, and Gothic cathedrals

그것은 이집트의 피라미드, 로마의 수로, 고딕 양식의 대성당을 훨씬 능가하는 경이로움을 이루었습니다

and it has conducted expeditions that put in the shade all former Exoduses of nations and crusades

그리고 그것은 이전의 모든 출애굽과 십자군 원정을 그늘에 가두는 원정을 수행했습니다

The Bourgeoisie cannot exist without constantly revolutionising the instruments of production

부르주아지는 생산수단들을 끊임없이 혁명화하지 않고는 존재할 수 없다

and thereby it cannot exist without its relations to production

따라서 그것은 생산과의 관계 없이는 존재할 수 없다

and therefore it cannot exist without its relations to society

따라서 사회와의 관계 없이는 존재할 수 없다

all earlier industrial classes had one condition in common

초기의 모든 산업 계급에는 한 가지 공통된 조건이 있었다

they relied on the conservation of the old modes of production

그들은 낡은 생산양식의 보존에 의존했다

but the Bourgeoisie brought with it a completely new dynamic

그러나 부르주아지는 완전히 새로운 역동성을 가져왔다

Constant revolutionizing of production and uninterrupted disturbance of all social conditions

생산의 끊임없는 혁명과 모든 사회적 조건의 중단 없는 교란

this everlasting uncertainty and agitation distinguishes the Bourgeoisie epoch from all earlier ones

이 영원한 불확실성과 동요는 부르주아지 시대를 이전의 모든 시대와 구별한다

previous relations with production came with ancient and venerable prejudices and opinions

생산과의 이전 관계는 오래되고 유서 깊은 편견과 의견을 가지고 왔습니다

but all of these fixed, fast-frozen relations are swept away

그러나 이 모든 고정되고 급속히 얼어붙은 관계는 쓸려나간다

all new-formed relations become antiquated before they can ossify

새로 형성된 모든 관계는 골화되기 전에 구식이 된다

All that is solid melts into air, and all that is holy is profaned

단단한 것은 모두 녹아 공기 속으로 들어가고, 거룩한 것은 모두 더럽혀진다

man is at last compelled to face with sober senses, his real conditions of life

인간은 마침내 냉철한 감각, 즉 삶의 실제 조건들을 직시하지 않을 수 없게 된다

and he is compelled to face his relations with his kind

그리고 그는 자신의 종족과의 관계를 직시하지 않을 수 없다

The Bourgeoisie constantly needs to expand its markets for its products

부르주아 계급은 끊임없이 자신의 상품에 대한 시장을 확대할 필요가 있다

and, because of this, the Bourgeoisie is chased over the whole surface of the globe

그리고 이 때문에 부르주아 계급은 지구 표면 전체에 쫓기고 있다

The Bourgeoisie must nestle everywhere, settle everywhere, establish connections everywhere

부르주아 계급은 어디에나 자리 잡고, 어디에나 정착하고, 모든 곳에서 연결을 구축해야 한다

The Bourgeoisie must create markets in every corner of the world to exploit

부르주아지는 착취하기 위해 세계 곳곳에 시장을 창출해야 한다

the production and consumption in every country has been given a cosmopolitan character

모든 나라의 생산과 소비는 국제적 성격을 띠고 있다

the chagrin of Reactionists is palpable, but it has carried on regardless

반동주의자들의 억울함은 뚜렷하지만, 그것은 개의치 않고 계속되어 왔다

The Bourgeoisie have drawn from under the feet of industry the national ground on which it stood

부르주아지는 자신들이 서 있는 민족적 토대를 산업의 발밑에서 끌어냈다

all old-established national industries have been destroyed, or are daily being destroyed

모든 오래된 국가 산업이 파괴되었거나 매일 파괴되고 있습니다

all old-established national industries are dislodged by new industries

기존의 모든 국가 산업은 새로운 산업에 의해 밀려난다

their introduction becomes a life and death question for all civilised nations

그들의 도입은 모든 문명 국가의 삶과 죽음의 문제가 됩니다

they are dislodged by industries that no longer work up indigenous raw material

그들은 더 이상 토착 원료를 생산하지 않는 산업에 의해 쫓겨납니다

instead, these industries pull raw materials from the remotest zones

대신, 이러한 산업은 가장 외딴 지역에서 원자재를 가져옵니다

industries whose products are consumed, not only at home, but in every quarter of the globe

가정에서뿐만 아니라 전 세계 모든 곳에서 제품이 소비되는

산업

In place of the old wants, satisfied by the productions of the country, we find new wants

낡은 욕구 대신에, 그 나라의 생산에 의해 충족되는 새로운 욕구를 발견한다

these new wants require for their satisfaction the products of distant lands and climes

이러한 새로운 욕구는 그들의 만족을 위하여 먼 나라와 지방의 산물을 필요로 한다

In place of the old local and national seclusion and self-sufficiency, we have trade

낡은 지역적, 국가적 고립과 자급자족 대신에, 우리는 무역을 가지고 있다

international exchange in every direction; universal inter-dependence of nations

모든 방향의 국제 교류; 국가들의 보편적 상호의존성

and just as we have dependency on materials, so we are dependent on intellectual production

그리고 우리가 물질에 의존하는 것과 마찬가지로, 우리는 지적 생산에 의존한다

The intellectual creations of individual nations become common property

개별 국가의 지적 창조물은 공동 재산이 된다

National one-sidedness and narrow-mindedness become more and more impossible

민족적 일방성과 편협함은 점점 더 불가능해진다

and from the numerous national and local literatures, there arises a world literature

그리고 수많은 국가 및 지역 문학에서 세계 문학이 생겨납니다

by the rapid improvement of all instruments of production
생산의 모든 계기의 급속한 개선에 의하여

by the immensely facilitated means of communication
엄청나게 편리한 통신 수단에 의해

The Bourgeoisie draws all (even the most barbarian nations) into civilisation

부르주아 계급은 모든 (심지어 가장 야만적인 나라들조차도) 문명 속으로 끌어들인다

The cheap prices of its commodities; the heavy artillery that batters down all Chinese walls

상품의 저렴한 가격; 모든 중국 성벽을 무너뜨리는 중포병

the barbarians' intensely obstinate hatred of foreigners is forced to capitulate

외국인에 대한 야만인들의 강렬한 증오심은 항복할 수밖에 없다

It compels all nations, on pain of extinction, to adopt the Bourgeoisie mode of production

그것은 모든 민족들이 소멸의 고통 속에서 부르주아지의 생산양식을 채택하도록 강요한다

it compels them to introduce what it calls civilisation into their midst

그것은 그들이 문명이라고 부르는 것을 그들 가운데 도입하도록 강요합니다

The Bourgeoisie force the barbarians to become Bourgeoisie themselves

부르주아지는 야만인들을 부르주아지가 되라고 강요한다

in a word, the Bourgeoisie creates a world after its own image

한마디로 부르주아지는 자신의 형상을 따라 세계를 창조한다

The Bourgeoisie has subjected the countryside to the rule of the towns

부르주아 계급은 농촌을 도시의 지배에 복종시켰다

It has created enormous cities and greatly increased the urban population

그것은 거대한 도시를 만들고 도시 인구를 크게 증가시켰습니다

it rescued a considerable part of the population from the idiocy of rural life

그것은 농촌 생활의 어리석음으로부터 인구의 상당 부분을 구출했습니다

but it has made those in the the countryside dependent on the towns

그러나 그것은 시골에 있는 사람들을 도시에 의존하게 만들었다

and likewise, it has made the barbarian countries dependent on the civilised ones

마찬가지로 야만인 국가를 문명 국가에 의존하게 만들었습니다

nations of peasants on nations of Bourgeoisie, the East on

the West

부르주아지의 민족에 농민의 민족, 서구에 동양의 민족

The Bourgeoisie does away with the scattered state of the population more and more

부르주아 계급은 흩어진 인구 상태를 점점 더 없애고 있다

It has agglomerated production, and has concentrated property in a few hands

그것은 집적된 생산을 가지고 있으며, 소수의 손에 재산을 집중시켰다

The necessary consequence of this was political centralisation

이것의 필연적인 결과는 정치적 중앙집권화였다

there had been independent nations and loosely connected provinces

독립된 국가들과 느슨하게 연결된 속주들이 있었다

they had separate interests, laws, governments and systems of taxation

그들은 이해관계, 법률, 정부, 조세 제도가 분리되어 있었다

but they have become lumped together into one nation, with one government

그러나 그들은 한 나라, 한 정부를 가진 나라로 뭉쳐졌다

they now have one national class-interest, one frontier and one customs-tariff

그들은 이제 하나의 국가적 계급 이익, 하나의 국경 및 하나의 관세를 가지고 있다

and this national class-interest is unified under one code of law

그리고 이 민족적 계급-이해관계는 하나의 법전 아래 통합된다

the Bourgeoisie has achieved much during its rule of scarce one hundred years

부르주아 계급은 100년이라는 희소한 통치 기간 동안 많은 것을 성취했다

more massive and colossal productive forces than have all preceding generations together

이전의 모든 세대를 합친 것보다 더 거대하고 거대한 생산력

Nature's forces are subjugated to the will of man and his machinery

자연의 힘은 인간과 기계의 의지에 예속되어 있다

chemistry is applied to all forms of industry and types of agriculture

화학은 모든 형태의 산업과 농업 유형에 적용됩니다

steam-navigation, railways, electric telegraphs, and the printing press

증기 항법, 철도, 전기 전신, 인쇄기

clearing of whole continents for cultivation, canalisation of rivers

경작을 위한 대륙 전체의 개간, 강의 운하화

whole populations have been conjured out of the ground and put to work

모든 인구가 땅에서 소환되어 일하게 되었습니다

what earlier century had even a presentiment of what could be unleashed?

이전 세기의 어느 때에 어떤 일이 일어날 수 있다는 예감이 있었는가?

who predicted that such productive forces slumbered in the lap of social labour?

그러한 생산력이 사회노동의 무릎 위에서 잠자고 있으리라고 누가 예측했는가?

we see then that the means of production and of exchange were generated in feudal society

그렇다면 우리는 생산수단과 교환수단이 봉건사회에서 생성되었음을 알 수 있다

the means of production on whose foundation the Bourgeoisie built itself up

부르주아지가 스스로를 건설한 생산수단

At a certain stage in the development of these means of production and of exchange

이러한 생산수단과 교환수단의 발전의 특정 단계에서

the conditions under which feudal society produced and exchanged

봉건 사회가 생산하고 교환하는 조건

the feudal organisation of agriculture and manufacturing industry

농업 및 제조업의 봉건 조직

the feudal relations of property were no longer compatible with the material conditions

재산의 봉건적 관계는 더 이상 물질적 조건과 양립할 수 없었다

They had to be burst asunder, so they were burst asunder

그것들은 산산조각이 나야 했고, 그래서 그들은 산산조각이 났다

Into their place stepped free competition from the productive forces

그 자리에는 생산력과의 자유로운 경쟁이 들어섰다

and they were accompanied by a social and political constitution adapted to it

그리고 그들은 그것에 적합한 사회적, 정치적 헌법을 동반했다

and it was accompanied by the economical and political sway of the Bourgeoisie class

그리고 그것은 부르주아 계급의 경제적, 정치적 영향력을 동반했다

A similar movement is going on before our own eyes

이와 비슷한 움직임이 우리 눈앞에서 벌어지고 있습니다

Modern Bourgeoisie society with its relations of production, and of exchange, and of property

현대 부르주아 사회와 생산관계, 교환관계, 소유관계

a society that has conjured up such gigantic means of production and of exchange

그토록 거대한 생산수단과 교환수단을 만들어낸 사회

it is like the sorcerer who called up the powers of the nether world

마치 지하 세계의 힘을 불러낸 마법사와 같다

but he is no longer able to control what he has brought into the world

그러나 그는 더 이상 자신이 세상에 가져온 것을 통제할 수 없다

For many a decade past history was tied together by a common thread

10년 동안 과거의 역사는 공통점으로 묶여 있었다

the history of industry and commerce has been but the history of revolts

산업과 상업의 역사는 반란의 역사에 지나지 않았다

the revolts of modern productive forces against modern

conditions of production

근대적 생산조건에 대항하는 근대적 생산력의 반란

the revolts of modern productive forces against property relations

소유 관계에 대한 현대 생산력의 반란

these property relations are the conditions for the existence of the Bourgeoisie

이러한 소유관계는 부르주아지의 존재를 위한 조건들이다

and the existence of the Bourgeoisie determines the rules for property relations

그리고 부르주아지의 존재는 소유 관계의 규칙을 결정한다

it is enough to mention the periodical return of commercial crises

상업 위기의 주기적인 귀환을 언급하는 것으로 충분합니다

each commercial crisis is more threatening to Bourgeoisie society than the last

각각의 상업 위기는 지난번보다 부르주아 사회에 더 위협적이다

In these crises a great part of the existing products are destroyed

이러한 위기 상황에서는 기존 제품의 상당 부분이 파괴됩니다

but these crises also destroy the previously created productive forces

그러나 이러한 위기는 또한 이전에 창출된 생산력을 파괴한다

in all earlier epochs these epidemics would have seemed an absurdity

이전의 모든 신(新)시대들에서, 이 전염병들은 터무니없는 것으로 보였을 것이다

because these epidemics are the commercial crises of over-production

이러한 전염병은 과잉 생산의 상업적 위기이기 때문입니다

Society suddenly finds itself put back into a state of momentary barbarism

사회는 갑자기 일시적인 야만의 상태로 되돌아가게 된다

as if a universal war of devastation had cut off every means of subsistence

마치 전 세계적인 황폐 전쟁이 모든 생존 수단을 차단해 버린 것처럼 말이다

industry and commerce seem to have been destroyed; and why?

산업과 상업은 파괴된 것처럼 보인다. 그리고 그 이유는 무엇인가?

Because there is too much civilisation and means of subsistence

문명과 생계 수단이 너무 많기 때문입니다

and because there is too much industry, and too much commerce

산업이 너무 많고 상업이 너무 많기 때문입니다

The productive forces at the disposal of society no longer develop Bourgeoisie property

사회를 마음대로 처분할 수 있는 생산력은 더 이상 부르주아지의 소유를 발전시키지 않는다

on the contrary, they have become too powerful for these conditions, by which they are fettered

그와는 반대로, 그들은 이러한 조건들에 대해 너무 강력해졌고, 그로 인해 족쇄를 채웠다

as soon as they overcome these fetters, they bring disorder into the whole of Bourgeoisie society

그들이 이러한 족쇄를 극복하자마자, 그들은 부르주아 사회 전체에 무질서를 가져온다

and the productive forces endanger the existence of Bourgeoisie property

그리고 생산력은 부르주아지 소유의 존재를 위태롭게 한다

The conditions of Bourgeoisie society are too narrow to comprise the wealth created by them

부르주아 사회의 조건들은 부르주아 사회가 창출한 부를 구성하기에는 너무 협소하다

And how does the Bourgeoisie get over these crises?

그리고 부르주아지는 이러한 위기들을 어떻게 극복하는가?

On the one hand, it overcomes these crises by the enforced destruction of a mass of productive forces

한편으로는, 생산력 다수의 강제적 파괴를 통해 이러한 위기를 극복한다

on the other hand, it overcomes these crises by the conquest of new markets

다른 한편으로는, 새로운 시장을 정복함으로써 이러한 위기를 극복한다

and it overcomes these crises by the more thorough exploitation of the old forces of production

그리고 낡은 생산력을 더욱 철저하게 이용함으로써 이러한 위기를 극복한다

That is to say, by paving the way for more extensive and more destructive crises

다시 말해, 더 광범위하고 더 파괴적인 위기를 위한 길을 닦음으로써 말이다

it overcomes the crisis by diminishing the means whereby crises are prevented

위기를 예방할 수 있는 수단을 줄임으로써 위기를 극복한다

The weapons with which the Bourgeoisie felled feudalism to the ground are now turned against itself

부르주아지가 봉건제를 무너뜨렸던 무기들은 이제 스스로를 향하고 있다

But not only has the Bourgeoisie forged the weapons that bring death to itself

그러나 부르주아지가 죽음을 자초하는 무기만 벼려낸 것은 아니다

it has also called into existence the men who are to wield those weapons

그것은 또한 그러한 무기를 휘두를 사람들을 불러 모았습니다

and these men are the modern working class; they are the proletarians

그리고 이 사람들은 현대의 노동계급이다. 그들은 프롤레타리아이다

In proportion as the Bourgeoisie is developed, in the same proportion is the Proletariat developed

부르주아지가 발전하는 것과 비례하여, 프롤레타리아트가 발전하는 것과 같은 비율로 발전한다

the modern working class developed a class of labourers

근대 노동계급은 노동자 계급을 발전시켰다

this class of labourers live only so long as they find work

이 노동자 계급은 일자리를 찾을 때까지만 산다

and they find work only so long as their labour increases

capital

그리고 그들은 그들의 노동이 자본을 증가시키는 한에서만
일자리를 찾는다

These labourers, who must sell themselves piece-meal, are a
commodity

단편적으로 자신을 팔아야 하는 이 노동자들은 상품이다

these labourers are like every other article of commerce

이 노동자들은 다른 모든 상업 품목과 같다

and they are consequently exposed to all the vicissitudes of
competition

그리고 결과적으로 그들은 경쟁의 모든 변덕에 노출된다

they have to weather all the fluctuations of the market

그들은 시장의 모든 변동을 견뎌야 합니다

Owing to the extensive use of machinery and to division of
labour

기계의 광범위한 사용과 분업으로 인해

the work of the proletarians has lost all individual character

프롤레타리아의 활동은 모든 개인적 성격을 상실했다

and consequently, the work of the proletarians has lost all
charm for the workman

그 결과, 프롤레타리아트의 노동은 노동자에게 모든 매력을
잃었다

He becomes an appendage of the machine, rather than the
man he once was

그는 예전의 인간이 아니라 기계의 부속물이 된다

only the most simple, monotonous, and most easily acquired
knack is required of him

가장 단순하고, 단조롭고, 가장 쉽게 습득할 수 있는 요령만이
그에게는 요구된다

Hence, the cost of production of a workman is restricted

따라서 노동자의 생산 비용이 제한됩니다

it is restricted almost entirely to the means of subsistence
that he requires for his maintenance

그것은 거의 전적으로 그가 자신의 유지를 위해 필요로 하는
생계 수단으로 제한되어 있다

and it is restricted to the means of subsistence that he
requires for the propagation of his race

그리고 그것은 그가 자기 종족의 번식을 위하여 필요로 하는
생계 수단으로 제한된다

**But the price of a commodity, and therefore also of labour, is
equal to its cost of production**

그러나 상품의 가격, 따라서 노동의 가격은 생산비와 동일하다

**In proportion, therefore, as the repulsiveness of the work
increases, the wage decreases**

그러므로 그에 비례하여 노동의 혐오감이 증가함에 따라 임금은
감소한다

**Nay, the repulsiveness of his work increases at an even
greater rate**

아니, 그의 작품의 혐오감은 훨씬 더 빠른 속도로 증가한다

**as the use of machinery and division of labour increases, so
does the burden of toil**

기계의 사용과 분업이 증가함에 따라, 노동의 부담도 증가한다

**the burden of toil is increased by prolongation of the
working hours**

노동시간의 연장으로 노동의 부담이 가중된다

more is expected of the labourer in the same time as before

이전과 같은 시간에 노동자에게 더 많은 것이 기대된다

**and of course the burden of the toil is increased by the speed
of the machinery**

물론 고된 노동의 부담은 기계의 속도에 의해 증가합니다

**Modern industry has converted the little workshop of the
patriarchal master into the great factory of the industrial
capitalist**

현대 산업은 가부장적 주인의 작은 작업장을 산업 자본가의
거대한 공장으로 바꾸어 놓았다

**Masses of labourers, crowded into the factory, are organised
like soldiers**

공장에 몰려든 노동자 대중은 군인처럼 조직되어 있다

**As privates of the industrial army they are placed under the
command of a perfect hierarchy of officers and sergeants**

산업 군대의 사병으로서 그들은 장교와 하사관으로 구성된
완전한 계층의 지휘 아래 배치됩니다

**they are not only the slaves of the Bourgeoisie class and
State**

그들은 부르주아 계급과 국가의 노예들만이 아니다

but they are also daily and hourly enslaved by the machine

그러나 그들은 또한 매일, 그리고 매시간 기계에 의해 노예가 된다

they are enslaved by the over-looker, and, above all, by the individual Bourgeoisie manufacturer himself

그들은 구경꾼에 의해, 그리고 무엇보다도, 개별 부르주아 제조업자 자신에 의해 노예가 된다

The more openly this despotism proclaims gain to be its end and aim, the more petty, the more hateful and the more embittering it is

이 독재가 자신의 목적과 목적인 이득을 공공연하게 선포할수록, 그것은 더 하찮고, 더 증오스럽고, 더 비참하다

the more modern industry becomes developed, the lesser are the differences between the sexes

현대 산업이 발달하면 할수록, 남녀 간의 차이는 줄어들 것이다

The less the skill and exertion of strength implied in manual labour, the more is the labour of men superseded by that of women

육체 노동에 내포된 기술과 힘의 노력이 적으면 적을수록, 남자의 노동은 여자의 노동으로 대체된다

Differences of age and sex no longer have any distinctive social validity for the working class

나이와 성별의 차이는 더 이상 노동계급에게 어떤 뚜렷한 사회적 타당성도 갖지 못한다

All are instruments of labour, more or less expensive to use, according to their age and sex

모두 노동 도구이며, 나이와 성별에 따라 사용 비용이 다소 비쌉니다

as soon as the labourer receives his wages in cash, than he is set upon by the other portions of the Bourgeoisie

노동자가 자신의 임금을 현금으로 받자마자 부르주아지의 다른 부분들에 의해 압박을 받는다

the landlord, the shopkeeper, the pawnbroker, etc

집주인, 가게 주인, 전당포 등

The lower strata of the middle class; the small trades people and shopkeepers

중산층의 하층; 소상공인과 상점 주인
the retired tradesmen generally, and the handicraftsmen and peasants
일반적으로 은퇴한 상인, 그리고 수공업자와 농민
all these sink gradually into the Proletariat
이 모든 것은 점차적으로 프롤레타리아트 속으로 가라앉는다
partly because their diminutive capital does not suffice for the scale on which Modern Industry is carried on
부분적으로는 그들의 작은 자본이 현대 산업이 수행되는 규모에 충분하지 않기 때문이다
and because it is swamped in the competition with the large capitalists
그리고 그것은 거대 자본가들과의 경쟁에서 늪에 빠져 있기 때문이다
partly because their specialized skill is rendered worthless by the new methods of production
부분적으로는 그들의 전문화된 기술이 새로운 생산 방식에 의해 무가치하게 되기 때문이다
Thus the Proletariat is recruited from all classes of the population
그리하여 프롤레타리아트는 모든 계급의 사람들로부터 모집된다
The Proletariat goes through various stages of development
프롤레타리아트는 다양한 발전 단계를 거친다
With its birth begins its struggle with the Bourgeoisie
그것의 탄생과 함께 부르주아지와의 투쟁이 시작된다
At first the contest is carried on by individual labourers
처음에는 노동자 개개인이 투쟁을 벌인다
then the contest is carried on by the workpeople of a factory
그런 다음 경연은 공장의 노동자들에 의해 수행됩니다
then the contest is carried on by the operatives of one trade, in one locality
그런 다음 경쟁은 한 지역에서 한 무역의 운영자에 의해 수행됩니다
and the contest is then against the individual Bourgeoisie who directly exploits them
그리고 그 경쟁은 그들을 직접 착취하는 개별 부르주아지에

대한 것이다

They direct their attacks not against the Bourgeoisie conditions of production

그들은 부르주아지의 생산조건에 대한 공격이 아니다

but they direct their attack against the instruments of production themselves

그러나 그들은 생산수단 자체에 대한 공격을 지시한다

they destroy imported wares that compete with their labour

그들은 그들의 노동과 경쟁하는 수입 제품을 파괴합니다

they smash to pieces machinery and they set factories ablaze

그들은 기계를 산산조각내고 공장에 불을 질렀습니다

they seek to restore by force the vanished status of the workman of the Middle Ages

그들은 중세의 사라진 노동자의 지위를 무력으로 회복시키려 한다

At this stage the labourers still form an incoherent mass scattered over the whole country

이 단계에서 노동자들은 여전히 전국에 흩어져 있는 지리멸렬한 대중을 형성하고 있다

and they are broken up by their mutual competition

그리고 그들은 상호 경쟁에 의해 흩어집니다

If anywhere they unite to form more compact bodies, this is not yet the consequence of their own active union

어느 곳에서든지 그들이 연합하여 더 조밀한 몸을 형성한다면, 이것은 아직 그들 자신의 적극적인 연합의 결과가 아니다

but it is a consequence of the union of the Bourgeoisie, to attain its own political ends

그러나 그것은 부르주아지의 연합이 그 자신의 정치적 목적을 달성하기 위한 결과이다

the Bourgeoisie is compelled to set the whole Proletariat in motion

부르주아지는 전체 프롤레타리아트를 움직이도록 강요받는다

and moreover, for a time being, the Bourgeoisie is able to do so

더욱이 당분간은 부르주아지가 그렇게 할 수 있다

At this stage, therefore, the proletarians do not fight their enemies

그러므로 이 단계에서 프롤레타리아는 적들과 싸우지 않는다

but instead they are fighting the enemies of their enemies

오히려 그들은 적의 적과 싸우고 있습니다

the fight the remnants of absolute monarchy and the landowners

절대 군주제의 잔재와 지주와의 싸움

they fight the non-industrial Bourgeoisie; the petty Bourgeoisie

그들은 비산업적 부르주아지와 싸운다. 쁘띠 부르주아

Thus the whole historical movement is concentrated in the hands of the Bourgeoisie

그리하여 모든 역사적 운동은 부르주아지의 수중에 집중되어 있다

every victory so obtained is a victory for the Bourgeoisie

그렇게 얻어진 모든 승리는 부르주아지의 승리이다

But with the development of industry the Proletariat not only increases in number

그러나 산업의 발전과 함께 프롤레타리아트의 수는 증가할 뿐만이 아니다

the Proletariat becomes concentrated in greater masses and its strength grows

프롤레타리아트는 더 많은 대중으로 집중되고 그 힘은 커진다

and the Proletariat feels that strength more and more

그리고 프롤레타리아트는 그 힘을 점점 더 느낀다

The various interests and conditions of life within the ranks of the Proletariat are more and more equalised

프롤레타리아트 대열 내에서 다양한 이해관계와 삶의 조건들이 점점 더 평등해지고 있다

they become more in proportion as machinery obliterates all distinctions of labour

그것들은 기계가 노동의 모든 구별을 말살함에 따라 더욱 비례하게 된다

and machinery nearly everywhere reduces wages to the same low level

그리고 거의 모든 곳에서 기계는 임금을 똑같이 낮은 수준으로 낮춘다

The growing competition among the Bourgeoisie, and the

resulting commercial crises, make the wages of the workers ever more fluctuating

부르주아지 계급 사이의 점증하는 경쟁과 그로 인한 상업 위기는 노동자들의 임금을 더욱 요동치게 만든다

The unceasing improvement of machinery, ever more rapidly developing, makes their livelihood more and more precarious

기계의 끊임없는 발전은 점점 더 급속히 발전하여 그들의 생계를 점점 더 불안정하게 만들고 있다

the collisions between individual workmen and individual Bourgeoisie take more and more the character of collisions between two classes

개별 노동자와 개별 부르주아지 사이의 충돌은 점점 더 두 계급 사이의 충돌의 성격을 띠고 있다

Thereupon the workers begin to form combinations (Trades Unions) against the Bourgeoisie

그 후 노동자들은 부르주아지에 대항하는 조합(노동조합)을 형성하기 시작한다

they club together in order to keep up the rate of wages

그들은 임금을 유지하기 위해 함께 뭉친다

they found permanent associations in order to make provision beforehand for these occasional revolts

그들은 이따금씩 일어나는 반란에 대비하여 미리 준비하기 위하여 영구적인 관계적-연합들을 발견하였다

Here and there the contest breaks out into riots

여기저기서 다툼이 일어나 폭동이 일어난다

Now and then the workers are victorious, but only for a time

이따금 노동자들이 승리를 거두지만, 그것도 잠시뿐이다

The real fruit of their battles lies, not in the immediate result, but in the ever-expanding union of the workers

투쟁의 진정한 결실은 즉각적인 결과가 아니라 계속 확대되는 노동자 노조에 있다

This union is helped on by the improved means of communication that are created by modern industry

이 연합은 현대 산업이 만든 개선된 통신 수단의 도움을 받고 있습니다

modern communication places the workers of different

localities in contact with one another
현대의 통신은 서로 다른 지역의 근로자들이 서로 접촉할 수
있도록 합니다

It was just this contact that was needed to centralise the
numerous local struggles into one national struggle between
classes
수많은 지역적 투쟁을 계급들 사이의 하나의 전국적 투쟁으로
집중시키는 데 필요했던 것은 바로 이 접촉이었다

all of these struggles are of the same character, and every
class struggle is a political struggle
이 모든 투쟁은 동일한 성격을 지니며, 모든 계급투쟁은
정치투쟁이다

the burghers of the Middle Ages, with their miserable
highways, required centuries to form their unions
비참한 고속도로를 가진 중세의 버거들은 그들의 연합을
형성하는 데 수세기가 걸렸습니다

the modern proletarians, thanks to railways, achieve their
unions within a few years
현대의 프롤레타리아들은 철도 덕분에 몇 년 안에 노동조합을
쟁취한다

This organisation of the proletarians into a class
consequently formed them into a political party
프롤레타리아들을 하나의 계급으로 조직한 것은 결과적으로
프롤레타리아들을 하나의 정당으로 형성했다

the political class is continually being upset again by the
competition between the workers themselves
정치계급은 노동자들 자신들 사이의 경쟁에 의해 끊임없이 다시
동요되고 있다

But the political class continues to rise up again, stronger,
firmer, mightier
그러나 정치 계급은 더 강하고, 더 굳건하고, 더 강력하게 다시
일어선다

It compels legislative recognition of particular interests of
the workers
노동자의 특수한 이해관계를 입법적으로 인정하도록 강제하는
것이다

it does this by taking advantage of the divisions among the

Bourgeoisie itself
그것은 부르주아지 계급 자체의 분열을 이용함으로써 그렇게 한다

Thus the ten-hours' bill in England was put into law
그리하여 영국에서 10시간 노동법이 제정되었다

in many ways the collisions between the classes of the old society further is the course of development of the Proletariat
여러 면에서 낡은 사회의 계급들 사이의 충돌은 프롤레타리아트의 발전 과정이다

The Bourgeoisie finds itself involved in a constant battle
부르주아 계급은 끊임없는 전투에 휘말리고 있다

At first it will find itself involved in a constant battle with the aristocracy
처음에는 귀족과의 끊임없는 전투에 휘말리게 될 것입니다

later on it will find itself involved in a constant battle with those portions of the Bourgeoisie itself
나중에는 부르주아지 계급 자체와 끊임없는 전투에 휘말리게 될 것이다

and their interests will have become antagonistic to the progress of industry
그리고 그들의 이해관계는 산업의 진보에 적대적이 될 것이다

at all times, their interests will have become antagonistic with the Bourgeoisie of foreign countries
언제나 그들의 이해관계는 외국의 부르주아지와 적대적이 될 것이다

In all these battles it sees itself compelled to appeal to the Proletariat, and asks for its help
이 모든 투쟁들에서 프롤레타리아트는 프롤레타리아트에게 호소할 수밖에 없음을 깨닫고, 프롤레타리아트의 도움을 요청한다

and thus, it will feel compelled to drag it into the political arena
따라서 정치 무대로 끌고 가야 한다고 느낄 것이다

The Bourgeoisie itself, therefore, supplies the Proletariat with its own instruments of political and general education
그러므로 부르주아지 자신은 프롤레타리아트에게 그 자신의

정치적, 일반적 교육 도구들을 제공한다

in other words, it furnishes the Proletariat with weapons for fighting the Bourgeoisie

다른 말로 하자면, 그것은 프롤레타리아트에게 부르주아지와 싸우기 위한 무기를 제공한다

Further, as we have already seen, entire sections of the ruling classes are precipitated into the Proletariat

더욱이, 우리가 이미 보았듯이, 지배계급의 전체 부문들은 프롤레타리아트로 침전된다

the advance of industry sucks them into the Proletariat

산업의 진보는 그들을 프롤레타리아트 속으로 빨아들인다

or, at least, they are threatened in their conditions of existence

아니면, 적어도 그들의 생존 조건에서는 위협을 받고 있다

These also supply the Proletariat with fresh elements of enlightenment and progress

이것들은 또한 프롤레타리아트에게 계몽과 진보의 신선한 요소들을 제공한다

Finally, in times when the class struggle nears the decisive hour

마지막으로, 계급투쟁이 결정적인 순간에 가까워지는 시기에야

the process of dissolution going on within the ruling class

지배계급 내부에서 진행되고 있는 해체 과정

in fact, the dissolution going on within the ruling class will be felt within the whole range of society

사실, 지배계급 내부에서 진행되고 있는 해체는 사회 전 범위에서 느껴질 것이다

it will take on such a violent, glaring character, that a small section of the ruling class cuts itself adrift

그것은 너무나 폭력적이고 노골적인 성격을 띠게 될 것이며, 지배계급의 작은 부분이 스스로를 표류하게 할 것이다

and that ruling class will join the revolutionary class

그리고 그 지배계급은 혁명계급에 합류할 것이다

the revolutionary class being the class that holds the future in its hands

혁명적 계급은 미래를 손에 쥐고 있는 계급이다

Just as at an earlier period, a section of the nobility went

over to the Bourgeoisie
이전 시기와 마찬가지로 귀족의 일부가 부르주아지로 넘어갔다
the same way a portion of the Bourgeoisie will go over to the
Proletariat
같은 방식으로 부르주아지의 일부가 프롤레타리아트로 넘어갈
것이다

in particular, a portion of the Bourgeoisie will go over to a
portion of the Bourgeoisie ideologists
특히, 부르주아지의 일부는 부르주아지 이데올로기의 일부에게
넘어갈 것이다

Bourgeoisie ideologists who have raised themselves to the
level of comprehending theoretically the historical
movement as a whole
부르주아지 이데올로기들은 스스로를 역사운동 전체를
이론적으로 이해하는 수준까지 끌어올렸다

Of all the classes that stand face to face with the Bourgeoisie
today, the Proletariat alone is a really revolutionary class
오늘날 부르주아지와 대면하고 있는 모든 계급들 중에서,
프롤레타리아트만이 진정으로 혁명적인 계급이다

The other classes decay and finally disappear in the face of
Modern Industry
다른 계급들은 쇠퇴하고 마침내 현대 산업 앞에서 사라진다

the Proletariat is its special and essential product
프롤레타리아트는 그것의 특별하고 본질적인 산물이다

The lower middle class, the small manufacturer, the
shopkeeper, the artisan, the peasant
중산층, 소규모 제조업자, 상점 주인, 장인, 농민

all these fight against the Bourgeoisie
이 모든 것은 부르주아지에 맞서 싸운다

they fight as fractions of the middle class to save themselves
from extinction
그들은 멸종으로부터 스스로를 구하기 위해 중산층의 일부로서
싸운다

They are therefore not revolutionary, but conservative
따라서 그들은 혁명적이지 않고 보수적이다

Nay more, they are reactionary, for they try to roll back the
wheel of history

더욱이, 그들은 역사의 수레바퀴를 굴리려 하기 때문에
반동적이다

**If by chance they are revolutionary, they are so only in view
of their impending transfer into the Proletariat**

만약 우연히 그들이 혁명적이라면, 그들은 프롤레타리아트로의
임박한 이행을 고려할 때에만 혁명적이다

they thus defend not their present, but their future interests

그리하여 그들은 그들의 현재를 옹호하는 것이 아니라 미래의
이익을 옹호한다

**they desert their own standpoint to place themselves at that
of the Proletariat**

그들은 프롤레타리아트의 입장에 서기 위해 그들 자신의 입장을
버린다

**The "dangerous class," the social scum, that passively rotting
mass thrown off by the lowest layers of old society**

낡은 사회의 최하층이 내던져버린 수동적으로 썩어가는
덩어리인 '위험한 계급', 사회적 쓰레기

**they may, here and there, be swept into the movement by a
proletarian revolution**

그들은 여기저기서 프롤레타리아 혁명에 의해 운동에 휩쓸릴 수
있다

**its conditions of life, however, prepare it far more for the
part of a bribed tool of reactionary intrigue**

그러나 그것의 삶의 조건들은 그것을 반동적인 음모의 뇌물
도구로 삼을 수 있도록 훨씬 더 많이 준비시킨다

**In the conditions of the Proletariat, those of old society at
large are already virtually swamped**

프롤레타리아트의 조건에서, 낡은 사회 전반의 조건들은 이미
실질적으로 늪에 빠져 있다

The proletarian is without property

프롤레타리아는 재산이 없다

**his relation to his wife and children has no longer anything
in common with the Bourgeoisie's family-relations**

그의 아내와 자녀들과의 관계는 더 이상 부르주아지의
가족관계와 아무런 공통점도 없다

**modern industrial labour, modern subjection to capital, the
same in England as in France, in America as in Germany**

현대의 산업 노동, 자본에 대한 현대의 복종, 영국에서와
프랑스에서, 미국에서와 독일에서 동일

**his condition in society has stripped him of every trace of
national character**
그의 사회적 상황은 국민성의 모든 흔적을 앗아갔다

**Law, morality, religion, are to him so many Bourgeoisie
prejudices**
그에게 법, 도덕, 종교는 너무나 많은 부르주아지의 편견이다

**and behind these prejudices lurk in ambush just as many
Bourgeoisie interests**
그리고 이러한 편견 뒤에는 많은 부르주아지의 이해관계가
매복해 있다

**All the preceding classes that got the upper hand, sought to
fortify their already acquired status**
우위를 점한 모든 이전 계급은 이미 획득한 지위를 강화하려고
노력했습니다

**they did this by subjecting society at large to their
conditions of appropriation**
그들은 사회 전반을 그들의 전유 조건에 종속시킴으로써 그렇게
하였다

**The proletarians cannot become masters of the productive
forces of society**
프롤레타리아는 사회의 생산력의 주인이 될 수 없다

**it can only do this by abolishing their own previous mode of
appropriation**
그것은 그들 자신의 이전 전유 방식을 폐지함으로써만 그렇게
할 수 있다

**and thereby it also abolishes every other previous mode of
appropriation**
그리하여 그것은 또한 이전의 다른 모든 전유 방식을 폐지한다

They have nothing of their own to secure and to fortify
그들은 확보하고 강화할 수 있는 것이 아무것도 없습니다

**their mission is to destroy all previous securities for, and
insurances of, individual property**
그들의 임무는 개인 재산에 대한 이전의 모든 증권과 보험을
파괴하는 것입니다

All previous historical movements were movements of

minorities
이전의 모든 역사적 운동은 소수 민족의 운동이었다
or they were movements in the interests of minorities
또는 소수 집단의 이익을 위한 운동이었다
The proletarian movement is the self-conscious,
independent movement of the immense majority
프롤레타리아 운동은 절대다수의 자의식적이고 독립적인
운동이다
and it is a movement in the interests of the immense
majority
그리고 그것은 절대다수의 이익을 위한 운동이다
The Proletariat, the lowest stratum of our present society
프롤레타리아트, 현 사회의 최하층
it cannot stir or raise itself up without the whole
superincumbent strata of official society being sprung into
the air
그것은 공식 사회의 모든 초월적 계층이 공중으로 튀어나오지
않고는 스스로를 휘젓거나 일으켜 세울 수 없다
Though not in substance, yet in form, the struggle of the
Proletariat with the Bourgeoisie is at first a national struggle
비록 실질적으로는 아니지만, 형식적으로는 부르주아지와
프롤레타리아트의 투쟁은 처음에는 민족적 투쟁이다
The Proletariat of each country must, of course, first of all
settle matters with its own Bourgeoisie
물론 각 나라의 프롤레타리아트는 무엇보다도 먼저 자신의
부르주아지와 문제를 해결해야 한다
In depicting the most general phases of the development of
the Proletariat, we traced the more or less veiled civil war
프롤레타리아트 발전의 가장 일반적인 국면들을 묘사하면서,
우리는 다소 베일에 싸인 내전을 추적했다
this civil is raging within existing society
이 시민은 기존 사회에서 맹위를 떨치고 있습니다
it will rage up to the point where that war breaks out into
open revolution
그것은 그 전쟁이 공개적인 혁명으로 발발하는 지점까지 맹위를
떨칠 것이다
and then the violent overthrow of the Bourgeoisie lays the

foundation for the sway of the Proletariat

그리고 부르주아지의 폭력적인 전복은 프롤레타리아트의
지배를 위한 토대를 마련한다

Hitherto, every form of society has been based, as we have
already seen, on the antagonism of oppressing and
oppressed classes

지금까지 사회의 모든 형태는 우리가 이미 살펴본 바와 같이
억압받는 계급과 억압받는 계급의 적대감에 기초해 왔다

But in order to oppress a class, certain conditions must be
assured to it

그러나 한 계급을 억압하기 위해서는 그 계급에게 특정한
조건들이 보장되어야 한다

the class must be kept under conditions in which it can, at
least, continue its slavish existence

계급은 적어도 노예적 존재를 계속할 수 있는 조건 아래
유지되어야 한다

The serf, in the period of serfdom, raised himself to
membership in the commune

농노 시대에 농노는 자신을 코뮌의 회원으로 키웠다

just as the petty Bourgeoisie, under the yoke of feudal
absolutism, managed to develop into a Bourgeoisie

소부르주아지가 봉건적 절대주의의 멍에를 짊어지고
부르주아지로 발전할 수 있었던 것처럼 말이다

The modern labourer, on the contrary, instead of rising with
the progress of industry, sinks deeper and deeper

반대로 현대의 노동자는 산업의 진보와 함께 상승하는 대신
점점 더 깊이 가라앉는다

he sinks below the conditions of existence of his own class

그는 자기 계급의 존재 조건 아래로 가라앉는다

He becomes a pauper, and pauperism develops more rapidly
than population and wealth

그는 빈민이 되고, 빈민은 인구와 부보다 더 빨리 발전한다

And here it becomes evident, that the Bourgeoisie is unfit
any longer to be the ruling class in society

그리고 여기서 부르주아지가 더 이상 사회의 지배계급이 되기에
부적합하다는 것이 명백해진다

and it is unfit to impose its conditions of existence upon

society as an over-riding law
그리고 그 존재 조건을 사회에 우선적인 법으로 강요하는 것은
부적절하다

It is unfit to rule because it is incompetent to assure an existence to its slave within his slavery
그것은 자신의 노예 안에서 노예의 존재를 보장하는 것이
무능하기 때문에 통치하기에 적합하지 않다

because it cannot help letting him sink into such a state, that it has to feed him, instead of being fed by him
왜냐하면, 그것은 그가 그런 상태에 빠지도록 내버려 두지 않을
수 없기 때문에, 그에게 먹이를 주는 대신 그를 먹여야 하기
때문이다

Society can no longer live under this Bourgeoisie
사회는 더 이상 이 부르주아 계급 아래서 살 수 없다

in other words, its existence is no longer compatible with society
즉, 그 존재는 더 이상 사회와 양립할 수 없다

The essential condition for the existence, and for the sway of the Bourgeoisie class, is the formation and augmentation of capital
부르주아지 계급의 존재와 지배를 위한 필수 조건은 자본의
형성과 증강이다

the condition for capital is wage-labour
자본의 조건은 임금노동이다

Wage-labour rests exclusively on competition between the labourers
임금 노동은 전적으로 노동자들 사이의 경쟁에 의존한다

The advance of industry, whose involuntary promoter is the Bourgeoisie, replaces the isolation of the labourers
부르주아지가 비자발적으로 촉진하는 산업의 발전은
노동자들의 고립을 대체한다

due to competition, due to their revolutionary combination, due to association
경쟁으로 인해, 그들의 혁명적인 조합으로 인해, 협회로 인해,

The development of Modern Industry cuts from under its feet the very foundation on which the Bourgeoisie produces and appropriates products

근대 산업의 발전은 부르주아지가 생산물을 생산하고 전유하는
바로 그 토대를 그 발밑에서 잘라낸다

**What the Bourgeoisie produces, above all, is its own grave-
diggers**

부르주아지가 생산하는 것은 무엇보다도 그 자신의 무덤을 파는
사람들이다

**The fall of the Bourgeoisie and the victory of the Proletariat
are equally inevitable**

부르주아지의 몰락과 프롤레타리아트의 승리는 똑같이
필연적이다

Proletarians and Communists
프롤레타리아와 공산주의자

In what relation do the Communists stand to the proletarians as a whole?
공산주의자들은 프롤레타리아 전체와 어떤 관계를 맺고
있는가?

The Communists do not form a separate party opposed to other working-class parties
공산주의자들은 다른 노동계급 정당들에 대항하는 별도의
정당을 형성하지 않는다

They have no interests separate and apart from those of the proletariat as a whole
그들은 프롤레타리아트 전체의 이해관계와 분리되거나
동떨어진 이해관계를 갖지 않는다

They do not set up any sectarian principles of their own, by which to shape and mould the proletarian movement
그들은 프롤레타리아 운동을 형성하고 틀 잡기 위해 그들
자신의 어떤 종파적 원칙도 세우지 않는다

The Communists are distinguished from the other working-class parties by only two things
공산주의자들이 다른 노동계급 정당들과 구별되는 점은 오직 두
가지뿐이다

Firstly, they point out and bring to the front the common interests of the entire proletariat, independently of all nationality
첫째, 그들은 모든 국적에 관계없이 전체 프롤레타리아트의
공통된 이해관계를 지적하고 전면에 내세운다

this they do in the national struggles of the proletarians of the different countries
그들은 다른 나라들의 프롤레타리아들의 민족적 투쟁에서
이것을 한다

Secondly, they always and everywhere represent the interests of the movement as a whole
둘째, 그들은 언제 어디서나 운동 전체의 이익을 대변한다

this they do in the various stages of development, which the struggle of the working class against the Bourgeoisie has to

pass through

그들은 부르주아지에 대항하는 노동계급의 투쟁이 거쳐야 하는 다양한 발전 단계들에서 이것을 한다

The Communists, therefore, are on the one hand, practically, the most advanced and resolute section of the working-class parties of every country

그러므로 공산주의자들은 한편으로는 실천적으로 모든 나라의 노동계급 정당들 중에서 가장 진보적이고 단호한 분파이다

they are that section of the working class which pushes forward all others

그들은 다른 모든 것을 앞으로 나아가게 하는 노동계급의 한 부분이다

theoretically, they also have the advantage of clearly understanding the line of march

이론적으로도 행진의 노선을 명확하게 이해할 수 있는 장점이 있다

this they understand better compared the great mass of the proletariat

그들은 이것을 프롤레타리아트의 거대한 대중과 비교해 볼 때 더 잘 이해한다

they understand the conditions, and the ultimate general results of the proletarian movement

그들은 프롤레타리아 운동의 조건들과 궁극적 일반적 결과들을 이해한다

The immediate aim of the Communist is the same as that of all the other proletarian parties

공산주의자의 당면한 목표는 다른 모든 프롤레타리아 정당들의 목표와 동일하다

their aim is the formation of the proletariat into a class

그들의 목표는 프롤레타리아트를 하나의 계급으로 형성하는 것이다

they aim to overthrow the Bourgeoisie supremacy

그들은 부르주아지 우월주의를 전복하는 것을 목표로 한다

the strive for the conquest of political power by the proletariat

프롤레타리아트의 정치권력 장악을 위한 투쟁

The theoretical conclusions of the Communists are in no

way based on ideas or principles of reformers
공산주의자들의 이론적 결론은 결코 개혁가들의 사상이나
원칙에 근거한 것이 아니다
**it wasn't would-be universal reformers that invented or
discovered the theoretical conclusions of the Communists**
공산주의자들의 이론적 결론을 발명하거나 발견한 것은 자칭
보편적 개혁가들이 아니었다
**They merely express, in general terms, actual relations
springing from an existing class struggle**
그것들은 단지 일반적인 용어로 현존하는 계급투쟁으로부터
솟아나는 실제적 관계들을 표현할 뿐이다
**and they describe the historical movement going on under
our very eyes that have created this class struggle**
그리고 그것들은 바로 이 계급투쟁을 만들어낸 바로 우리의
눈앞에서 진행되고 있는 역사적 운동을 묘사한다
**The abolition of existing property relations is not at all a
distinctive feature of Communism**
현존하는 소유 관계의 폐지는 공산주의의 특징이 전혀 아니다
**All property relations in the past have continually been
subject to historical change**
과거의 모든 재산 관계는 끊임없이 역사적 변화를 겪어왔다
**and these changes were consequent upon the change in
historical conditions**
그리고 이러한 변화는 역사적 조건의 변화의 결과였다
**The French Revolution, for example, abolished feudal
property in favour of Bourgeoisie property**
예를 들어, 프랑스 혁명은 부르주아지 소유를 위해 봉건적
소유를 폐지했다
**The distinguishing feature of Communism is not the
abolition of property, generally**
공산주의의 두드러진 특징은 일반적으로 재산의 폐지가 아니다
**but the distinguishing feature of Communism is the
abolition of Bourgeoisie property**
그러나 공산주의의 두드러진 특징은 부르주아지 소유의
폐지이다
**But modern Bourgeoisie private property is the final and
most complete expression of the system of producing and**

appropriating products
그러나 현대 부르주아지의 사적 소유는 생산물을 생산하고
전유하는 체계의 최종적이고 가장 완전한 표현이다
**it is the final state of a system that is based on class
antagonisms, where class antagonism is the exploitation of
the many by the few**
그것은 계급 적대감에 기초한 체제의 최종 상태이며, 여기서
계급 적대는 소수에 의한 다수의 착취이다
**In this sense, the theory of the Communists may be summed
up in the single sentence; the Abolition of private property**
이런 의미에서 공산주의자들의 이론은 한 문장으로 요약될 수
있다. 사유재산의 폐지
**We Communists have been reproached with the desire of
abolishing the right of personally acquiring property**
우리 공산주의자들은 개인적으로 재산을 취득할 수 있는 권리를
폐지하려는 욕망으로 비난을 받아 왔다
**it is claimed that this property is the fruit of a man's own
labour**
이 재산은 인간 자신의 노동의 결실이라고 주장됩니다
**and this property is alleged to be the groundwork of all
personal freedom, activity and independence.**
그리고 이 재산은 모든 개인의 자유, 활동 및 독립의 기초라고
주장됩니다.
"Hard-won, self-acquired, self-earned property!"
"힘들게 얻고, 스스로 얻고, 스스로 얻은 재산!"
**Do you mean the property of the petty artisan and of the
small peasant?**
하찮은 장인과 소작농의 재산을 말하는 것인가?
**Do you mean a form of property that preceded the
Bourgeoisie form?**
부르주아지 형태 이전의 소유 형태를 말하는 것인가?
**There is no need to abolish that, the development of
industry has to a great extent already destroyed it**
그것을 폐지할 필요는 없으며, 산업의 발전은 이미 상당 부분
그것을 파괴했습니다
and development of industry is still destroying it daily
그리고 산업의 발전은 여전히 매일 그것을 파괴하고 있습니다

Or do you mean modern Bourgeoisie private property?
아니면 현대 부르주아지의 사유재산을 말하는 것인가?

But does wage-labour create any property for the labourer?
그러나 임금노동이 노동자를 위한 어떤 재산을 창출하는가?

no, wage labour creates not one bit of this kind of property!
아니, 임금 노동은 이런 종류의 재산을 조금도 창출하지 않는다!

what wage labour does create is capital; that kind of property which exploits wage-labour
임금노동이 창출하는 것은 자본이다. 임금 노동을 착취하는 그런 종류의 소유

capital cannot increase except upon condition of begetting a new supply of wage-labour for fresh exploitation
자본은 새로운 착취를 위한 임금 노동의 새로운 공급을 낳는 조건을 제외하고는 증가할 수 없다

Property, in its present form, is based on the antagonism of capital and wage-labour
현재의 형태에서 소유는 자본과 임금 노동의 적대관계에 기초하고 있다

Let us examine both sides of this antagonism
이 적대감의 양면을 모두 살펴보자

To be a capitalist is to have not only a purely personal status
자본가가 된다는 것은 순전히 개인적 지위를 갖는 것만이 아니다

instead, to be a capitalist is also to have a social status in production
오히려, 자본가가 된다는 것은 생산에서 사회적 지위를 갖는 것이기도 하다

because capital is a collective product; only by the united action of many members can it be set in motion
자본은 집합적 산물이기 때문이다. 많은 회원들의 연합된 행동에 의해서만 그것이 움직일 수 있다

but this united action is a last resort, and actually requires all members of society
그러나 이 단합된 행동은 최후의 수단이며, 실제로 모든 사회 구성원을 필요로 한다

Capital does get converted into the property of all members of society

자본은 사회의 모든 구성원의 소유물로 전환된다

but Capital is, therefore, not a personal power; it is a social power

그러나 그러므로 자본은 개인적 힘이 아니다. 그것은 사회적 권력이다

so when capital is converted into social property, personal property is not thereby transformed into social property

따라서 자본이 사회적 소유로 전환될 때, 개인 소유는 사회적 소유로 전환되지 않는다

It is only the social character of the property that is changed, and loses its class-character

단지 재산의 사회적 성격만이 변하고, 그 계급적 성격을 잃는다

Let us now look at wage-labour

이제 임금 노동을 살펴보자

The average price of wage-labour is the minimum wage, i.e., that quantum of the means of subsistence

임금 노동의 평균 가격은 최저 임금, 즉 생존 수단의 양이다

this wage is absolutely requisite in bare existence as a labourer

이 임금은 노동자로서 맨몸으로 살아가는 데 절대적으로 필요하다

What, therefore, the wage-labourer appropriates by means of his labour, merely suffices to prolong and reproduce a bare existence

그러므로 임금 노동자가 자신의 노동을 통해 전유하는 것은 단지 벌거벗은 존재를 연장하고 재생산하는 데 충분할 뿐이다

We by no means intend to abolish this personal appropriation of the products of labour

우리는 노동 생산물에 대한 이러한 개인적 전유를 결코 폐지할 생각이 없다

an appropriation that is made for the maintenance and reproduction of human life

인간 생명의 유지와 재생산을 위한 세출

such personal appropriation of the products of labour leave no surplus wherewith to command the labour of others

노동 생산물에 대한 그러한 개인적 전유는 다른 사람들의 노동을 명령할 수 있는 잉여를 남기지 않는다

All that we want to do away with, is the miserable character of this appropriation

우리가 없애고 싶은 것은 이 전유의 비참한 성격뿐이다

the appropriation under which the labourer lives merely to increase capital

노동자가 단지 자본을 늘리기 위해 살아가는 전유

he is allowed to live only in so far as the interest of the ruling class requires it

인간은 지배계급의 이익이 요구하는 범위 내에서만 살 수 있다

In Bourgeoisie society, living labour is but a means to increase accumulated labour

부르주아 사회에서 살아있는 노동은 축적된 노동을 늘리기 위한 수단에 불과하다

In Communist society, accumulated labour is but a means to widen, to enrich, to promote the existence of the labourer

공산주의 사회에서 축적된 노동은 노동자의 존재를 확대하고, 풍요롭게 하고, 증진하기 위한 수단에 불과하다

In Bourgeoisie society, therefore, the past dominates the present

그러므로 부르주아 사회에서는 과거가 현재를 지배한다

in Communist society the present dominates the past

공산주의 사회에서는 현재가 과거를 지배한다

In Bourgeoisie society capital is independent and has individuality

부르주아 사회에서 자본은 독립적이며 개성을 갖는다

In Bourgeoisie society the living person is dependent and has no individuality

부르주아 사회에서 살아 있는 사람은 의존적이며 개성이 없다

And the abolition of this state of things is called by the Bourgeoisie, abolition of individuality and freedom!

그리고 이러한 상태의 폐지는 부르주아지에 의해 개성과 자유의 폐지라고 불린다!

And it is rightly called the abolition of individuality and freedom!

그리고 그것은 개성과 자유의 폐지라고 부르는 것이 옳다!

Communism aims for the abolition of Bourgeoisie individuality

공산주의는 부르주아지 개인성의 폐지를 목표로 한다

Communism intends for the abolition of Bourgeoisie independence

공산주의는 부르주아 독립의 폐지를 지향한다

Bourgeoisie freedom is undoubtedly what communism is aiming at

부르주아지의 자유는 의심할 여지 없이 공산주의가 목표로 삼고 있는 것이다

under the present Bourgeoisie conditions of production, freedom means free trade, free selling and buying

현재의 부르주아지 생산조건 하에서 자유는 자유무역, 자유로운 판매와 구매를 의미한다

But if selling and buying disappears, free selling and buying also disappears

그러나 팔고 사는 것이 사라지면 자유로운 팔고 사는 것도 사라진다

"brave words" by the Bourgeoisie about free selling and buying only have meaning in a limited sense

자유로운 판매와 구매에 대한 부르주아지의 "용감한 말"은 제한된 의미에서만 의미를 갖는다

these words have meaning only in contrast with restricted selling and buying

이 단어들은 제한된 판매 및 구매와 대조되는 의미를 갖습니다

and these words have meaning only when applied to the fettered traders of the Middle Ages

그리고 이 단어들은 중세의 속박된 상인들에게 적용될 때에만 의미가 있다

and that assumes these words even have meaning in a Bourgeoisie sense

그리고 그것은 이 단어들이 부르주아적 의미에서도 의미를 갖는다고 가정한다

but these words have no meaning when they're being used to oppose the Communistic abolition of buying and selling

그러나 이 단어들이 공산주의의 사고 파는 폐지에 반대하기 위해 사용될 때는 아무런 의미가 없다

the words have no meaning when they're being used to oppose the Bourgeoisie conditions of production being

abolished

그 단어들은 폐지되는 부르주아지의 생산조건에 반대하기 위해
사용될 때 아무런 의미를 갖지 못한다

and they have no meaning when they're being used to
oppose the Bourgeoisie itself being abolished

그리고 그것들이 부르주아지 계급 자체가 폐지되는 것에
반대하는 데 사용될 때 그것들은 아무런 의미가 없다

You are horrified at our intending to do away with private
property

당신은 사유 재산을 없애려는 우리의 의도에 경악하고 있습니다

But in your existing society, private property is already done
away with for nine-tenths of the population

그러나 현존하는 사회에서는 인구의 10분의 9에 해당하는
사유재산이 이미 폐지되었다

the existence of private property for the few is solely due to
its non-existence in the hands of nine-tenths of the
population

소수를 위한 사유재산의 존재는 오로지 인구의 10분의 9의
수중에 사유재산이 존재하지 않기 때문이다

You reproach us, therefore, with intending to do away with a
form of property

그러므로 당신은 재산의 형태를 없애려는 의도로 우리를
비난합니다

but private property necessitates the non-existence of any
property for the immense majority of society

그러나 사유 재산은 사회의 대다수를 위해 어떤 재산도
존재하지 않는 것을 필요로 한다

In one word, you reproach us with intending to do away
with your property

한마디로 말하자면, 당신들은 당신들의 재산을 없애려고 우리를
비난합니다

And it is precisely so; doing away with your Property is just
what we intend

그리고 그것은 정확히 그렇다. 귀하의 재산을 없애는 것은
우리가 의도하는 것입니다

From the moment when labour can no longer be converted
into capital, money, or rent

노동이 더 이상 자본, 화폐, 지대 등으로 전환될 수 없는
순간부터

**when labour can no longer be converted into a social power
capable of being monopolised**

노동이 더 이상 독점할 수 있는 사회적 권력으로 전환될 수 없을
때

**from the moment when individual property can no longer
be transformed into Bourgeoisie property**

개인의 소유가 더 이상 부르주아지의 소유로 변형될 수 없는
순간부터

**from the moment when individual property can no longer
be transformed into capital**

개인의 소유가 더 이상 자본으로 전환될 수 없는 순간부터

from that moment, you say individuality vanishes

그 순간부터 개성이 사라진다고 하잖아요

**You must, therefore, confess that by "individual" you mean
no other person than the Bourgeoisie**

그러므로 당신은 "개인"이라는 말이 부르주아지 이외의 다른
사람을 의미하지 않는다는 것을 고백해야 한다

**you must confess it specifically refers to the middle-class
owner of property**

구체적으로 중산층의 재산 소유자를 지칭한다는 것을 고백해야
합니다

**This person must, indeed, be swept out of the way, and
made impossible**

이 사람은 반드시 길에서 쓸려나가야 하며, 불가능하게
만들어야 한다

**Communism deprives no man of the power to appropriate
the products of society**

공산주의는 사회의 생산물을 전유할 수 있는 힘을 어느
누구에게도 빼앗지 않는다

**all that Communism does is to deprive him of the power to
subjugate the labour of others by means of such
appropriation**

공산주의가 하는 모든 것은 그러한 전유를 통해 다른 사람들의
노동을 예속시킬 수 있는 권력을 공산주의에게서 박탈하는
것이다

It has been objected that upon the abolition of private property all work will cease

사유 재산이 폐지되면 모든 사업이 중단될 것이라는 주장이 제기되어 왔다

and it is then suggested that universal laziness will overtake us

그리고 보편적인 게으름이 우리를 따라잡을 것이라고 제안됩니다

According to this, Bourgeoisie society ought long ago to have gone to the dogs through sheer idleness

이에 따르면, 부르주아 사회는 진작에 순전히 게으름을 통해 개들에게 갔어야 했다

because those of its members who work, acquire nothing

그 지체들 중에서 일하는 자들은 아무것도 얻지 못하기 때문이다

and those of its members who acquire anything, do not work

그리고 그 구성원 중 무엇이든 얻은 사람들은 일하지 않습니다

The whole of this objection is but another expression of the tautology

이 반론의 전부는 동어반복의 또 다른 표현일 뿐이다

there can no longer be any wage-labour when there is no longer any capital

더 이상 자본이 없을 때 더 이상 임금 노동이 있을 수 없다

there is no difference between material products and mental products

물질적 산물과 정신적 산물 사이에는 차이가 없습니다

communism proposes both of these are produced in the same way

공산주의는 이 두 가지가 같은 방식으로 생산된다고 주장한다

but the objections against the Communistic modes of producing these are the same

그러나 공산주의적 생산 방식에 대한 반대는 동일하다

to the Bourgeoisie the disappearance of class property is the disappearance of production itself

부르주아지에게 계급 소유의 소멸은 생산 자체의 소멸이다

so the disappearance of class culture is to him identical with the disappearance of all culture

그래서 그에게 계급 문화의 소멸은 모든 문화의 소멸과
동일하다

**That culture, the loss of which he laments, is for the
enormous majority a mere training to act as a machine**

그가 한탄하는 그 문화는 대다수에게 기계처럼 행동하기 위한
훈련에 불과하다

**Communists very much intend to abolish the culture of
Bourgeoisie property**

공산주의자들은 부르주아지 소유의 문화를 폐지할 것을 매우
의도한다

**But don't wrangle with us so long as you apply the standard
of your Bourgeoisie notions of freedom, culture, law, etc**

그러나 자유, 문화, 법 등에 대한 부르주아지 개념의 기준을
적용하는 한 우리와 논쟁하지 마십시오

**Your very ideas are but the outgrowth of the conditions of
your Bourgeoisie production and Bourgeoisie property**

당신들의 생각 자체는 당신들의 부르주아지 생산조건과
부르주아지 소유조건의 산물일 뿐이다

**just as your jurisprudence is but the will of your class made
into a law for all**

너희의 법학이 너희 계급의 뜻이 모두를 위한 법으로 만들어진
것에 불과한 것처럼 말이다

**the essential character and direction of this will are
determined by the economical conditions your social class
create**

이 의지의 본질적 성격과 방향은 너희의 사회계급이 만들어내는
경제적 조건들에 의해 결정된다

**The selfish misconception that induces you to transform
social forms into eternal laws of nature and of reason**

사회적 형태를 자연과 이성의 영원한 법칙으로 변형시키도록
너희를 유도하는 이기적인 오해

**the social forms springing from your present mode of
production and form of property**

현재의 생산양식과 소유양식에서 비롯된 사회적 형태

**historical relations that rise and disappear in the progress of
production**

생산의 과정에서 오르락내리락하는 역사적 관계

this misconception you share with every ruling class that has preceded you

당신들은 이 오해를 당신들 이전의 모든 지배계급과 공유하고 있다

What you see clearly in the case of ancient property, what you admit in the case of feudal property

고대 재산의 경우 분명히 볼 수 있는 것, 봉건 재산의 경우 인정하는 것

these things you are of course forbidden to admit in the case of your own Bourgeoisie form of property

물론 이러한 것들은 당신 자신의 부르주아지 소유 형태에 대해서는 인정할 수 없다

Abolition of the family! Even the most radical flare up at this infamous proposal of the Communists

가족의 폐지! 심지어 가장 급진적인 공산주의자들의 이 악명 높은 제안에 불타오르고 있다

On what foundation is the present family, the Bourgeoisie family, based?

현재의 가족, 부르주아 가족은 어떤 기초 위에 세워져 있는가?

the foundation of the present family is based on capital and private gain

현재 가족의 기초는 자본과 사적 이익에 기초하고 있다

In its completely developed form this family exists only among the Bourgeoisie

완전히 발전된 형태로, 이 가족은 부르주아 계급 사이에서만 존재한다

this state of things finds its complement in the practical absence of the family among the proletarians

이러한 상황은 프롤레타리아들 사이에 가족의 실제적인 부재에서 그 보완을 발견한다

this state of things can be found in public prostitution

이러한 상황은 공개적인 매춘에서 찾아볼 수 있다

The Bourgeoisie family will vanish as a matter of course when its complement vanishes

부르주아 가문은 그 보완물이 사라질 때 당연히 사라질 것이다

and both of these will will vanish with the vanishing of capital

그리고 이 두 가지 의지는 자본의 소멸과 함께 사라질 것이다

Do you charge us with wanting to stop the exploitation of children by their parents?

부모에 의한 아동 착취를 중단하고 싶다고 우리를 비난합니까?

To this crime we plead guilty

우리는 이 범죄에 대해 유죄를 인정합니다

But, you will say, we destroy the most hallowed of relations, when we replace home education by social education

그러나 그대는 말하기를, 우리가 가정 교육을 사회 교육으로 대체할 때, 우리는 가장 신성한 관계를 파괴한다

is your education not also social? And is it not determined by the social conditions under which you educate?

너희의 교육도 사회적이지 않느냐? 그리고 그것은 너희가 교육하는 사회적 조건에 의해 결정되지 않느냐?

by the intervention, direct or indirect, of society, by means of schools, etc.

직접적이든 간접적이든 사회의 개입, 학교 등을 통해

The Communists have not invented the intervention of society in education

공산주의자들은 교육에 대한 사회의 개입을 발명하지 않았다

they do but seek to alter the character of that intervention

그들은 단지 그 개입의 성격을 바꾸려고 할 뿐이다

and they seek to rescue education from the influence of the ruling class

그리고 그들은 지배 계급의 영향으로부터 교육을 구출하려고 애쓴다

The Bourgeoisie talk of the hallowed co-relation of parent and child

부르주아지는 부모와 자식의 신성한 상호관계에 대해 이야기한다

but this clap-trap about the family and education becomes all the more disgusting when we look at Modern Industry

그러나 가족과 교육에 대한 이러한 덫은 현대 산업을 볼 때 더욱 역겨워집니다

all family ties among the proletarians are torn asunder by modern industry

프롤레타리아들 사이의 모든 가족 유대는 현대 산업에 의해

산산조각이 난다

**their children are transformed into simple articles of
commerce and instruments of labour**

그들의 자녀들은 단순한 상업 물품과 노동 도구로 변형된다

**But you Communists would create a community of women,
screams the whole Bourgeoisie in chorus**

그러나 당신들 공산주의자들은 부르주아 계급 전체를 합창으로
외치며 여성들의 공동체를 만들 것이다

**The Bourgeoisie sees in his wife a mere instrument of
production**

부르주아 계급은 그의 아내에게서 단순한 생산의 도구만을 본다

**He hears that the instruments of production are to be
exploited by all**

그는 생산수단이 모든 사람에 의해 착취되어야 한다는 말을
듣는다

**and, naturally, he can come to no other conclusion than that
the lot of being common to all will likewise fall to women**

그리고 자연스럽게, 그는 모든 사람에게 공통적인 것의 몫이
마찬가지로 여자들에게도 떨어질 것이라는 것 외에 다른 결론에
도달할 수 없다

**He has not even a suspicion that the real point is to do away
with the status of women as mere instruments of production**

그는 진정한 요점이 단순한 생산 도구로서의 여성의 지위를
없애는 것이라는 점을 의심조차 하지 않는다

**For the rest, nothing is more ridiculous than the virtuous
indignation of our Bourgeoisie at the community of women**

나머지는 여성 공동체에 대한 우리 부르주아지의 고결한
분노보다 더 우스꽝스러운 것은 없다

**they pretend it is to be openly and officially established by
the Communists**

그들은 그것이 공산주의자들에 의해 공개적으로 그리고
공식적으로 수립된 것처럼 가장한다

**The Communists have no need to introduce community of
women, it has existed almost from time immemorial**

공산주의자들은 여성 공동체를 도입할 필요가 없으며, 그것은
거의 태곳적부터 존재해 왔다

Our Bourgeoisie are not content with having the wives and

daughters of their proletarians at their disposal
우리의 부르주아지는 그들의 프롤레타리아트의 아내와 딸들을
마음대로 사용할 수 있는 것에 만족하지 않는다

they take the greatest pleasure in seducing each other's
wives
그들은 서로의 아내를 유혹하는 데서 가장 큰 기쁨을 느낀다

and that is not even to speak of common prostitutes
그리고 그것은 일반적인 매춘부에 대해서는 말할 것도 없다

Bourgeoisie marriage is in reality a system of wives in
common
부르주아지의 결혼은 실제로 공통된 아내들의 체계이다

then there is one thing that the Communists might possibly
be reproached with
그렇다면 공산주의자들이 비난받을 수 있는 한 가지가 있다

they desire to introduce an openly legalised community of
women
그들은 공개적으로 합법화된 여성 공동체를 소개하기를 원한다

rather than a hypocritically concealed community of women
위선적으로 은폐된 여성 공동체가 아니라

the community of women springing from the system of
production
생산 시스템에서 솟아나는 여성들의 공동체

abolish the system of production, and you abolish the
community of women
생산체제를 폐지하고, 여성공동체를 폐지하라

both public prostitution is abolished, and private
prostitution
공적 매춘과 사적 매춘 모두 폐지된다

The Communists are further more reproached with desiring
to abolish countries and nationality
공산주의자들은 국가와 민족을 폐지하기를 원하기 때문에 더욱
비난을 받고 있다

The working men have no country, so we cannot take from
them what they have not got
노동자들에게는 조국이 없기 때문에 우리는 그들이 갖지 못한
것을 빼앗을 수 없다

the proletariat must first of all acquire political supremacy

프롤레타리아트는 무엇보다도 먼저 정치적 우위를 획득해야
한다

the proletariat must rise to be the leading class of the nation
프롤레타리아트는 민족의 지도계급으로 부상해야 한다

the proletariat must constitute itself the nation
프롤레타리아트는 스스로를 민족으로 구성해야 한다

**it is, so far, itself national, though not in the Bourgeoisie
sense of the word**
그것은 아직까지는 그 자체로 민족적이지만, 부르주아적
의미에서는 아니다

**National differences and antagonisms between peoples are
daily more and more vanishing**
민족 간의 민족적 차이와 적대감은 날이 갈수록 점점 더
사라지고 있다

**owing to the development of the Bourgeoisie, to freedom of
commerce, to the world-market**
부르주아지의 발전, 상업의 자유, 세계 시장

**to uniformity in the mode of production and in the
conditions of life corresponding thereto**
생산양식과 그에 상응하는 생활조건의 균일성

**The supremacy of the proletariat will cause them to vanish
still faster**
프롤레타리아트의 우월성은 그들을 더욱 빨리 사라지게 할
것이다

**United action, of the leading civilised countries at least, is
one of the first conditions for the emancipation of the
proletariat**
적어도 주요 문명국가들의 단결된 행동은 프롤레타리아트의
해방을 위한 첫 번째 조건들 중 하나이다

**In proportion as the exploitation of one individual by
another is put an end to, the exploitation of one nation by
another will also be put an end to**
한 개인이 다른 개인을 착취하는 것이 종식되는 것에 비례하여,
한 민족이 다른 민족을 착취하는 것도 종식될 것이다

**In proportion as the antagonism between classes within the
nation vanishes, the hostility of one nation to another will
come to an end**

그 나라 내의 계급들 사이의 적대감이 사라지는 것에 비례하여, 한 나라가 다른 나라를 적대시하는 것도 끝날 것이다

The charges against Communism made from a religious, a philosophical, and, generally, from an ideological standpoint, are not deserving of serious examination

공산주의에 대한 종교적, 철학적, 그리고 일반적으로 이데올로기적 견지에서 제기된 비난은 진지하게 검토할 가치가 없다

Does it require deep intuition to comprehend that man's ideas, views and conceptions changes with every change in the conditions of his material existence?

인간의 관념, 견해, 개념이 물질적 존재 조건이 바뀔 때마다 변한다는 것을 이해하려면 깊은 직관이 필요한가?

is it not obvious that man's consciousness changes when his social relations and his social life changes?

사람의 사회적 관계와 사회생활이 바뀔 때 사람의 의식도 바뀌는 것은 분명하지 않은가?

What else does the history of ideas prove, than that intellectual production changes its character in proportion as material production is changed?

관념의 역사가 증명하는 것은, 물질적 생산이 변화함에 따라 지적 생산이 그 성격을 변화시킨다는 것 이외에 무엇인가?

The ruling ideas of each age have ever been the ideas of its ruling class

각 시대의 지배 사상은 언제나 그 지배 계급의 사상이었다

When people speak of ideas that revolutionise society, they do but express one fact

사람들이 사회를 혁신하는 사상에 대해 말할 때, 그들은 단지 한 가지 사실을 표현할 뿐이다

within the old society, the elements of a new one have been created

낡은 사회 안에는 새로운 사회의 요소들이 창조되어 왔다

and that the dissolution of the old ideas keeps even pace with the dissolution of the old conditions of existence

그리고 낡은 관념의 해체는 낡은 실존 조건의 해체와 보조를 맞춘다

When the ancient world was in its last throes, the ancient

religions were overcome by Christianity

고대 세계가 최후의 진통을 겪고 있을 때, 고대 종교들은
그리스도교에 의해 정복되었다

When Christian ideas succumbed in the 18th century to rationalist ideas, feudal society fought its death battle with the then revolutionary Bourgeoisie

18세기에 기독교 사상이 합리주의 사상에 굴복했을 때, 봉건
사회는 당시 혁명적 부르주아 계급과 사투를 벌였다

The ideas of religious liberty and freedom of conscience merely gave expression to the sway of free competition within the domain of knowledge

종교의 자유와 양심의 자유라는 관념은 지식의 영역 안에서
자유 경쟁의 영향력을 표현했을 뿐이다

"Undoubtedly," it will be said, "religious, moral, philosophical and juridical ideas have been modified in the course of historical development"

"의심할 여지 없이, 종교적, 도덕적, 철학적, 법적 관념들이 역사
발전 과정에서 수정되었다"고 말할 것이다

"But religion, morality philosophy, political science, and law, constantly survived this change"

"그러나 종교, 도덕, 철학, 정치학, 법학은 이러한 변화에서
끊임없이 살아남았다"

"There are also eternal truths, such as Freedom, Justice, etc"

"자유, 정의 등과 같은 영원한 진리도 있습니다."

"these eternal truths are common to all states of society"

"이 영원한 진리는 사회의 모든 상태에 공통되어 있습니다."

"But Communism abolishes eternal truths, it abolishes all religion, and all morality"

"그러나 공산주의는 영원한 진리를 폐지하고, 모든 종교와 모든
도덕을 폐지한다"

"it does this instead of constituting them on a new basis"

"그것은 그것들을 새로운 기초 위에 구성하는 대신 이것을 한다"

"it therefore acts in contradiction to all past historical experience"

"그러므로 그것은 과거의 모든 역사적 경험과 모순되는 행동을
한다"

What does this accusation reduce itself to?

이 비난은 무엇으로 축소되는가?

The history of all past society has consisted in the development of class antagonisms

과거의 모든 사회의 역사는 계급 적대감의 발전 속에 있었다

antagonisms that assumed different forms at different epochs

서로 다른 시대에 서로 다른 형태를 취한 적대감

But whatever form they may have taken, one fact is common to all past ages

그러나 그들이 어떤 형태를 취했든지 간에, 한 가지 사실은 과거의 모든 시대에 공통적이다

the exploitation of one part of society by the other

사회의 한 부분이 다른 부분에 의해 착취되는 것

No wonder, then, that the social consciousness of past ages moves within certain common forms, or general ideas

그러므로 지나간 시대의 사회적 의식이 어떤 공통된 형태 또는 일반적인 관념 안에서 움직이는 것은 놀라운 일이 아니다

(and that is despite all the multiplicity and variety it displays)

(그리고 그것은 그것이 표시하는 모든 다양성과 다양성에도 불구하고)

and these cannot completely vanish except with the total disappearance of class antagonisms

그리고 이것들은 계급적 적대감이 완전히 사라지지 않는 한 완전히 사라질 수 없다

The Communist revolution is the most radical rupture with traditional property relations

공산주의 혁명은 전통적 소유 관계의 가장 근본적인 단절이다

no wonder that its development involves the most radical rupture with traditional ideas

그것의 발전이 전통적인 관념과의 가장 근본적인 단절을 수반한다는 것은 놀라운 일이 아닙니다

But let us have done with the Bourgeoisie objections to Communism

그러나 공산주의에 대한 부르주아지의 반대는 이제 그만 두자.

We have seen above the first step in the revolution by the working class

우리는 위에서 노동계급에 의한 혁명의 첫 걸음을 보았다

proletariat has to be raised to the position of ruling, to win the battle of democracy

프롤레타리아트는 민주주의의 전투에서 승리하기 위해 지배자의 지위로 올라와야 한다

The proletariat will use its political supremacy to wrest, by degrees, all capital from the Bourgeoisie

프롤레타리아트는 부르주아지로부터 모든 자본을 조금씩 빼앗기 위해 자신의 정치적 우위를 사용할 것이다

it will centralise all instruments of production in the hands of the State

그것은 모든 생산수단을 국가의 수중에 집중시킬 것이다

in other words, the proletariat organised as the ruling class

다른 말로 하면, 프롤레타리아트는 지배계급으로 조직되었다

and it will increase the total of productive forces as rapidly as possible

그리고 그것은 가능한 한 빨리 생산력의 총량을 증가시킬 것이다

Of course, in the beginning, this cannot be effected except by means of despotic inroads on the rights of property

물론, 처음에는 재산권에 대한 전제적 침해를 통하지 않고는 그렇게 할 수 없다

and it has to be achieved on the conditions of Bourgeoisie production

그리고 그것은 부르주아지 생산의 조건들 위에서 성취되어야 한다

it is achieved by means of measures, therefore, which appear economically insufficient and untenable

따라서 경제적으로 불충분하고 지탱할 수 없는 것으로 보이는 조치를 통해 달성됩니다

but these means, in the course of the movement, outstrip themselves

그러나 이러한 수단들은 운동의 과정에서 스스로를 능가한다

they necessitate further inroads upon the old social order

그들은 낡은 사회 질서에 더 깊이 침투할 필요가 있다

and they are unavoidable as a means of entirely revolutionising the mode of production

그리고 그것들은 생산양식을 완전히 혁명화하기 위한
수단으로서 불가피하다

**These measures will of course be different in different
countries**

물론 이러한 조치는 국가마다 다를 것입니다

**Nevertheless in the most advanced countries, the following
will be pretty generally applicable**

그럼에도 불구하고 가장 선진국에서는 다음이 매우 일반적으로
적용됩니다

**1. Abolition of property in land and application of all rents
of land to public purposes.**

1. 토지의 재산을 폐지하고 토지의 모든 임대료를 공공의 목적에
적용한다.

2. A heavy progressive or graduated income tax.

2. 무거운 누진 소득세 또는 누진 소득세.

3. Abolition of all right of inheritance.

3. 모든 상속권의 폐지.

4. Confiscation of the property of all emigrants and rebels.

4. 모든 이주자들과 반역자들의 재산 몰수.

**5. Centralisation of credit in the hands of the State, by means
of a national bank with State capital and an exclusive
monopoly.**

5. 국가 자본과 독점적 독점권을 가진 국가 은행을 통해 국가의
손에 신용을 집중시키는 것.

**6. Centralisation of the means of communication and
transport in the hands of the State.**

6. 통신 및 운송 수단을 국가의 손에 중앙 집중화.

**7. Extension of factories and instruments of production
owned by the State**

7. 국가 소유의 공장 및 생산 수단의 확장

**the bringing into cultivation of waste-lands, and the
improvement of the soil generally in accordance with a
common plan.**

황무지를 경작하고 일반적으로 공통 계획에 따라 토양을
개량합니다.

8. Equal liability of all to labour

8. 노동에 대한 모두의 동등한 책임

Establishment of industrial armies, especially for
agriculture.
특히 농업을 위한 산업 군대의 설립.
9. Combination of agriculture with manufacturing industries
9. 농업과 제조업의 결합
gradual abolition of the distinction between town and
country, by a more equable distribution of the population
over the country.
도시와 시골 사이의 구별을 점진적으로 폐지하고, 전국적으로
인구를 보다 균등하게 분배한다.
10. Free education for all children in public schools.
10. 공립학교의 모든 어린이를 위한 무료 교육.
Abolition of children's factory labour in its present form
현재의 아동 공장 노동 폐지
Combination of education with industrial production
교육과 산업 생산의 결합
When, in the course of development, class distinctions have
disappeared
발전 과정에서 계급 구분이 사라졌을 때
and when all production has been concentrated in the hands
of a vast association of the whole nation
그리고 모든 생산이 온 나라의 광대한 연합체의 손에
집중되었을 때
then the public power will lose its political character
그러면 공권력은 정치적 성격을 잃게 될 것이다
Political power, properly so called, is merely the organised
power of one class for oppressing another
정치 권력은, 적절하게 말하자면, 한 계급이 다른 계급을
억압하기 위해 조직한 권력일 뿐이다
If the proletariat during its contest with the Bourgeoisie is
compelled, by the force of circumstances, to organise itself
as a class
만약 프롤레타리아트가 부르주아지와 경쟁하는 동안, 상황의
힘에 의해, 스스로를 하나의 계급으로 조직하도록 강요받는다면
if, by means of a revolution, it makes itself the ruling class
혁명을 통해 스스로를 지배계급으로 만든다면
and, as such, it sweeps away by force the old conditions of

production
그리하여 낡은 생산조건을 무력으로 쓸어버린다
**then it will, along with these conditions, have swept away
the conditions for the existence of class antagonisms and of
classes generally**
그렇게 되면 그것은 이러한 조건들과 함께 계급 적대와 계급
일반의 존재 조건들을 쓸어버릴 것이다
**and will thereby have abolished its own supremacy as a
class.**
그리하여 하나의 계급으로서의 그 자신의 우월성을 폐지하게 될
것이다.
**In place of the old Bourgeoisie society, with its classes and
class antagonisms, we shall have an association**
계급과 계급 적대가 있는 낡은 부르주아 사회를 대신하여,
우리는 연합체를 가질 것이다
**an association in which the free development of each is the
condition for the free development of all**
각각의 자유로운 발전이 모두의 자유로운 발전을 위한 조건인
연합

Reactionary Socialism
반동적 사회주의

a) Feudal Socialism
a) 봉건 사회주의

the aristocracies of France and England had a unique historical position
프랑스와 영국의 귀족 정치는 독특한 역사적 위치를 차지했습니다

it became their vocation to write pamphlets against modern Bourgeoisie society
현대 부르주아 사회에 반대하는 팜플렛을 쓰는 것이 그들의 천직이 되었다

In the French revolution of July 1830, and in the English reform agitation
1830년 7월의 프랑스 혁명과 영국의 개혁 선동

these aristocracies again succumbed to the hateful upstart
이 귀족들은 다시 증오에 찬 신생 세력에게 굴복했다

Thenceforth, a serious political contest was altogether out of the question
그 후로 심각한 정치 논쟁은 전혀 문제가 되지 않았다

All that remained possible was literary battle, not an actual battle
이제 남은 것은 실제 전투가 아니라 문학 전투뿐이었다

But even in the domain of literature the old cries of the restoration period had become impossible
그러나 문학의 영역에서조차 유신기의 낡은 외침은 불가능해졌다

In order to arouse sympathy, the aristocracy were obliged to lose sight, apparently, of their own interests
동정심을 불러일으키기 위해, 귀족들은 분명히 그들 자신의 이익을 망각하지 않을 수 없었다

and they were obliged to formulate their indictment against the Bourgeoisie in the interest of the exploited working class
그리고 그들은 착취당하는 노동계급의 이익을 위해 부르주아지에 대한 그들의 기소를 공식화할 수밖에 없었다

Thus the aristocracy took their revenge by singing lampoons on their new master

그리하여 귀족들은 그들의 새로운 주인에게 풍자(天位)를 부르는 것으로 복수를 하였다

and they took their revenge by whispering in his ears sinister prophecies of coming catastrophe

그리고 그들은 다가오는 재앙에 대한 불길한 예언을 그의 귀에 속삭임으로써 복수를 했다

In this way arose Feudal Socialism: half lamentation, half lampoon

이렇게 해서 봉건적 사회주의가 생겨났다: 반은 탄식, 반은 풍자였다

it rung as half echo of the past, and projected half menace of the future

그것은 반쯤은 과거의 메아리처럼 울려 퍼졌고, 반쯤은 미래의 위협을 투영했다

at times, by its bitter, witty and incisive criticism, it struck the Bourgeoisie to the very heart's core

때때로, 신랄하고, 재치 있고, 예리한 비판으로, 그것은 부르주아지의 마음 깊은 곳까지 강타했다

but it was always ludicrous in its effect, through total incapacity to comprehend the march of modern history

그러나 그것은 현대 역사의 행진을 이해할 수 있는 완전한 무능력으로 인해 그 효과에 있어서 항상 우스꽝스러웠다

The aristocracy, in order to rally the people to them, waved the proletarian alms-bag in front for a banner

귀족들은 민중을 자신들에게로 결집시키기 위해 프롤레타리아 구호품 가방을 앞세워 흔들었다

But the people, so often as it joined them, saw on their hindquarters the old feudal coats of arms

그러나 사람들은 그들과 합류할 때마다 그들의 뒷다리에서 옛 봉건 시대의 문장을 보았다

and they deserted with loud and irreverent laughter

그들은 시끄럽고 불경한 웃음을 터뜨리며 도망쳤다

One section of the French Legitimists and "Young England" exhibited this spectacle

프랑스의 합법주의자들과 "젊은 영국"의 한 부분은 이 광경을

보여주었다

the feudalists pointed out that their mode of exploitation was different to that of the Bourgeoisie

봉건주의자들은 그들의 착취 방식이 부르주아지의 그것과 다르다고 지적했다

the feudalists forget that they exploited under circumstances and conditions that were quite different

봉건주의자들은 자신들이 전혀 다른 환경과 조건 하에서 착취했다는 사실을 잊고 있다

and they didn't notice such methods of exploitation are now antiquated

그리고 그들은 그러한 착취 방법이 이제 구식이라는 것을 알아차리지 못했습니다

they showed that, under their rule, the modern proletariat never existed

그들은 그들의 지배 하에서 현대 프롤레타리아트는 결코 존재하지 않았다는 것을 보여주었다

but they forget that the modern Bourgeoisie is the necessary offspring of their own form of society

그러나 그들은 현대 부르주아지가 그들 자신의 사회 형태에서 필요한 소산이라는 것을 잊고 있다

For the rest, they hardly conceal the reactionary character of their criticism

나머지는 비판의 반동적인 성격을 거의 감추지 않는다

their chief accusation against the Bourgeoisie amounts to the following

부르주아지에 대한 그들의 주된 비난은 다음과 같다

under the Bourgeoisie regime a social class is being developed

부르주아 정권 하에서 사회계급이 발전하고 있다

this social class is destined to cut up root and branch the old order of society

이 사회 계급은 사회의 낡은 질서를 뿌리째 뽑고 가지를 뻗을 운명이다

What they upbraid the Bourgeoisie with is not so much that it creates a proletariat

그들이 부르주아지를 꼰 것은 프롤레타리아트를 만들어내는

것이 아니다

what they upbraid the Bourgeoisie with is moreso that it creates a revolutionary proletariat

그들이 부르주아지를 꾸짖은 것은 혁명적 프롤레타리아트를 창출하기 위한 것이다

In political practice, therefore, they join in all coercive measures against the working class

따라서 정치적 실천에서 그들은 노동계급에 대한 모든 강압적 조치에 가담한다

and in ordinary life, despite their highfalutin phrases, they stoop to pick up the golden apples dropped from the tree of industry

그리고 일상 생활에서, 그들의 하이팔루틴 문구에도 불구하고, 그들은 산업의 나무에서 떨어진 황금 사과를 줍기 위해 몸을 굽힌다

and they barter truth, love, and honour for commerce in wool, beetroot-sugar, and potato spirits

그리고 그들은 진리와 사랑과 명예를 양모, 사탕무 설탕, 그리고 감자 영으로 거래한다

As the parson has ever gone hand in hand with the landlord, so has Clerical Socialism with Feudal Socialism

목사가 늘 지주와 손을 잡았듯이, 성직자 사회주의와 봉건 사회주의도 마찬가지다

Nothing is easier than to give Christian asceticism a Socialist tinge

기독교 금욕주의에 사회주의적 색채를 부여하는 것보다 쉬운 일은 없다

Has not Christianity declaimed against private property, against marriage, against the State?

그리스도교는 사유 재산, 결혼, 국가에 반대하지 않았는가?

Has Christianity not preached in the place of these, charity and poverty?

기독교는 이러한 자선과 가난을 대신해 설교하지 않았는가?

Does Christianity not preach celibacy and mortification of the flesh, monastic life and Mother Church?

기독교는 독신과 육체의 고행, 수도원 생활과 어머니 교회를 설교하지 않습니까?

Christian Socialism is but the holy water with which the priest consecrates the heart-burnings of the aristocrat
기독교 사회주의는 사제가 귀족의 가슴 아픈 것을 봉헌하는
성수일 뿐이다

b) Petty-Bourgeois Socialism
b) 소부르주아 사회주의

The feudal aristocracy was not the only class that was ruined by the Bourgeoisie
봉건 귀족은 부르주아지에 의해 파멸된 유일한 계급이 아니었다

it was not the only class whose conditions of existence pined and perished in the atmosphere of modern Bourgeoisie society
현대 부르주아 사회의 분위기 속에서 생존 조건이 고착화되고 소멸된 계급은 이들만이 아니었다

The medieval burgesses and the small peasant proprietors were the precursors of the modern Bourgeoisie
중세의 버제스와 소작농 지주들은 현대 부르주아지의 선구자였다

In those countries which are but little developed, industrially and commercially, these two classes still vegetate side by side
산업적으로나 상업적으로나 거의 개발되지 않은 나라들에서, 이 두 부류는 여전히 나란히 식물을 먹는다

and in the meantime the Bourgeoisie rise up next to them: industrially, commercially, and politically
그러는 동안 부르주아지는 그들 옆에서 산업적으로, 상업적으로, 정치적으로 봉기했다

In countries where modern civilisation has become fully developed, a new class of petty Bourgeoisie has been formed
근대 문명이 완전히 발달한 나라들에서는 새로운 소부르주아 계급이 형성되었다

this new social class fluctuates between proletariat and Bourgeoisie
이 새로운 사회계급은 프롤레타리아트와 부르주아지 사이에서 왔다 갔다 한다

and it is ever renewing itself as a supplementary part of Bourgeoisie society
그리고 그것은 부르주아 사회의 보충적인 부분으로서 스스로를 늘 갱신하고 있다

The individual members of this class, however, are being

constantly hurled down into the proletariat

그러나 이 계급의 개별 구성원들은 끊임없이 프롤레타리아트로
내던져지고 있다

they are sucked up by the proletariat through the action of
competition

그들은 경쟁의 행동을 통해 프롤레타리아트에 의해 빨려
들어간다

as modern industry develops they even see the moment
approaching when they will completely disappear as an
independent section of modern society

현대 산업이 발전함에 따라 그들은 현대 사회의 독립적인
부분으로서 완전히 사라질 순간이 다가오고 있음을 직시하고
있습니다

they will be replaced, in manufactures, agriculture and
commerce, by overlookers, bailiffs and shopmen

그들은 제조업, 농업 및 상업에서 감시자, 집행관 및 상점
상인으로 대체될 것입니다

In countries like France, where the peasants constitute far
more than half of the population

농민이 인구의 절반 이상을 차지하는 프랑스와 같은 나라에서는

it was natural that there there are writers who sided with the
proletariat against the Bourgeoisie

부르주아지에 맞서 프롤레타리아트의 편에 섰던 작가들이 있는
것은 당연한 일이었다

in their criticism of the Bourgeoisie regime they used the
standard of the peasant and petty Bourgeoisie

부르주아 정권에 대한 비판에서 그들은 농민과 소부르주아지의
기준을 사용했다

and from the standpoint of these intermediate classes they
take up the cudgels for the working class

그리고 이 중간 계급의 입장에서 그들은 노동계급을 위해
곤봉을 든다

Thus arose petty-Bourgeoisie Socialism, of which Sismondi
was the head of this school, not only in France but also in
England

그리하여 소부르주아 사회주의가 생겨났고, 시스몽디는
프랑스뿐만 아니라 영국에서도 이 학파의 교장이었다

This school of Socialism dissected with great acuteness the contradictions in the conditions of modern production

이 사회주의 학파는 근대적 생산 조건의 모순을 매우 예리하게 해부했다

This school laid bare the hypocritical apologies of economists

이 학교는 경제학자들의 위선적인 사과를 적나라하게 드러냈다

This school proved, incontrovertibly, the disastrous effects of machinery and division of labour

이 학교는 기계와 분업의 비참한 결과를 논란의 여지없이 증명했다

it proved the concentration of capital and land in a few hands

그것은 자본과 토지가 소수의 손에 집중되어 있음을 증명했다

it proved how overproduction leads to Bourgeoisie crises

그것은 과잉생산이 어떻게 부르주아지의 위기를 초래하는지를 증명했다

it pointed out the inevitable ruin of the petty Bourgeoisie and peasant

그것은 소부르주아지와 농민의 필연적인 파멸을 지적했다

the misery of the proletariat, the anarchy in production, the crying inequalities in the distribution of wealth

프롤레타리아트의 비참함, 생산의 무정부 상태, 부의 분배에 있어서의 울부짖는 불평등

it showed how the system of production leads the industrial war of extermination between nations

그것은 생산체제가 어떻게 국가들 간의 말살의 산업전쟁을 주도하는지를 보여주었다

the dissolution of old moral bonds, of the old family relations, of the old nationalities

낡은 도덕적 유대, 낡은 가족 관계, 낡은 민족의 해체

In its positive aims, however, this form of Socialism aspires to achieve one of two things

그러나 이러한 형태의 사회주의는 그 긍정적 목표에서 두 가지 중 하나를 성취하기를 열망한다

either it aims to restore the old means of production and of exchange

그것은 낡은 생산수단과 교환수단을 회복하는 것을 목표로 한다

and with the old means of production it would restore the old property relations, and the old society

그리고 낡은 생산수단으로 낡은 소유관계와 낡은 사회를 회복할 것이다

or it aims to cramp the modern means of production and exchange into the old framework of the property relations

또는 근대적 생산수단과 교환수단을 소유관계의 낡은 틀 속으로 집어넣는 것을 목표로 한다

In either case, it is both reactionary and Utopian

어느 경우든 그것은 반동적이고 유토피아적이다

Its last words are: corporate guilds for manufacture, patriarchal relations in agriculture

그것의 마지막 단어는 다음과 같습니다 : 제조업을위한 기업 길드, 농업에서의 가부장적 관계

Ultimately, when stubborn historical facts had dispersed all intoxicating effects of self-deception

궁극적으로, 완고한 역사적 사실들이 자기기만의 모든 도취적인 효과들을 흩어버렸을 때

this form of Socialism ended in a miserable fit of pity

이러한 형태의 사회주의는 비참한 동정심으로 끝났다

c) German, or "True," Socialism
c) 독일, 또는 "진정한" 사회주의

The Socialist and Communist literature of France originated under the pressure of a Bourgeoisie in power
프랑스의 사회주의와 공산주의 문학은 권력을 쥔 부르주아지의 압력 하에서 시작되었다

and this literature was the expression of the struggle against this power
그리고 이 문학은 이 권력에 대항하는 투쟁의 표현이었다

it was introduced into Germany at a time when the Bourgeoisie had just begun its contest with feudal absolutism
그것은 부르주아지가 봉건적 절대주의와의 경쟁을 막 시작했을 때 독일에 소개되었다

German philosophers, would-be philosophers, and beaux esprits, eagerly seized on this literature
독일의 철학자들, 철학자 지망생들, 그리고 미숙한 철학자들은 이 문헌을 열렬히 붙잡았다

but they forgot that the writings immigrated from France into Germany without bringing the French social conditions along
그러나 그들은 그 글들이 프랑스의 사회적 조건을 따라오지 않고 프랑스에서 독일로 이주해 왔다는 사실을 잊었다

In contact with German social conditions, this French literature lost all its immediate practical significance
독일의 사회적 상황과 맞물려 이 프랑스 문학은 즉각적이고 실천적인 의미를 상실했다

and the Communist literature of France assumed a purely literary aspect in German academic circles
프랑스의 공산주의 문학은 독일 학계에서 순전히 문학적인 측면을 띠고 있었다

Thus, the demands of the first French Revolution were nothing more than the demands of "Practical Reason"
따라서 제1차 프랑스 혁명의 요구는 '실천이성'의 요구에 지나지 않았다

and the utterance of the will of the revolutionary French

Bourgeoisie signified in their eyes the law of pure Will

혁명적 프랑스 부르주아지의 의지 발언은 그들의 눈에는 순수
의지의 법칙을 의미했다

**it signified Will as it was bound to be; of true human Will
generally**

그것은 필연적으로 그렇게 될 의지를 의미했다. 일반적으로
참된 인간의 의지

**The world of the German literati consisted solely in
bringing the new French ideas into harmony with their
ancient philosophical conscience**

독일 문인들의 세계는 오로지 새로운 프랑스 사상을 그들의
고대의 철학적 양심과 조화시키는 데에만 있었다

**or rather, they annexed the French ideas without deserting
their own philosophic point of view**

오히려, 그들은 자신의 철학적 관점을 포기하지 않고 프랑스
사상을 합병했습니다

**This annexation took place in the same way in which a
foreign language is appropriated, namely, by translation**

이 병합은 외국어가 전유되는 것과 같은 방식, 즉 번역에 의해
이루어졌습니다

**It is well known how the monks wrote silly lives of Catholic
Saints over manuscripts**

수도사들이 원고를 통해 가톨릭 성인들의 어리석은 삶을 어떻게
썼는지는 잘 알려져 있습니다

**the manuscripts on which the classical works of ancient
heathendom had been written**

고대 이교도의 고전 작품이 쓰여진 사본

**The German literati reversed this process with the profane
French literature**

독일의 문인들은 이 과정을 불경스러운 프랑스 문학으로
역전시켰다

**They wrote their philosophical nonsense beneath the French
original**

그들은 프랑스어 원본 아래에 철학적 넌센스를 썼습니다

**For instance, beneath the French criticism of the economic
functions of money, they wrote "Alienation of Humanity"**

예를 들어, 화폐의 경제적 기능에 대한 프랑스의 비판 아래에는

"인류의 소외"라고 썼다

beneath the French criticism of the Bourgeoisie State they wrote "dethronement of the Category of the General"
부르주아 국가에 대한 프랑스의 비판 밑에 그들은 "장군의 범주의 폐위"라고 썼다

The introduction of these philosophical phrases at the back of the French historical criticisms they dubbed:
프랑스의 역사비평 뒤편에 이런 철학적 문구를 소개한 것은 다음과 같다.

"Philosophy of Action," "True Socialism," "German Science of Socialism," "Philosophical Foundation of Socialism," and so on
「행동철학」, 「참된 사회주의」, 「독일 사회주의」, 「사회주의의 철학적 기초」 등이다

The French Socialist and Communist literature was thus completely emasculated
그리하여 프랑스의 사회주의와 공산주의 문학은 완전히 말살되었다

in the hands of the German philosophers it ceased to express the struggle of one class with the other
독일 철학자들의 손에서 그것은 한 계급과 다른 계급의 투쟁을 표현하는 것을 중단했다

and so the German philosophers felt conscious of having overcome "French one-sidedness"
그래서 독일 철학자들은 '프랑스의 일방성'을 극복했다는 의식을 느꼈다

it did not have to represent true requirements, rather, it represented requirements of truth
그것은 참된 요구 조건을 대표할 필요가 없었고, 오히려 진리의 요구 조건을 대표했다

there was no interest in the proletariat, rather, there was interest in Human Nature
프롤레타리아트에 대한 관심은 없었고, 오히려 인간 본성에 대한 관심이 있었다

the interest was in Man in general, who belongs to no class, and has no reality
관심은 계급에 속하지 않고 실체가 없는 인간 일반에 있었다

a man who exists only in the misty realm of philosophical
fantasy

철학적 환상의 안개 낀 영역에만 존재하는 남자

but eventually this schoolboy German Socialism also lost its
pedantic innocence

그러나 결국 이 모범생 독일 사회주의도 현학적인 순수함을
잃었다

the German Bourgeoisie, and especially the Prussian
Bourgeoisie fought against feudal aristocracy

독일 부르주아지, 특히 프로이센 부르주아지는 봉건 귀족에
맞서 싸웠다

the absolute monarchy of Germany and Prussia was also
being faught against

독일과 프로이센의 절대 왕정 역시 대립하고 있었다

and in turn, the literature of the liberal movement also
became more earnest

그러자 자유주의 운동의 문학도 더욱 진지해졌다

Germany's long wished-for opportunity for "true" Socialism
was offered

독일이 오랫동안 바라던 "진정한" 사회주의의 기회가
제공되었다

the opportunity of confronting the political movement with
the Socialist demands

사회주의 요구와 정치 운동에 맞설 수 있는 기회

the opportunity of hurling the traditional anathemas against
liberalism

자유주의에 대항하는 전통적 저주를 퍼부을 수 있는 기회

the opportunity to attack representative government and
Bourgeoisie competition

대의정부와 부르주아지 경쟁을 공격할 기회

Bourgeoisie freedom of the press, Bourgeoisie legislation,
Bourgeoisie liberty and equality

부르주아지 언론의 자유, 부르주아지 입법, 부르주아지의
자유와 평등

all of these could now be critiqued in the real world, rather
than in fantasy

이 모든 것은 이제 판타지가 아닌 현실 세계에서 비평될 수

있습니다

feudal aristocracy and absolute monarchy had long preached to the masses

봉건 귀족 정치와 절대 왕정은 오랫동안 대중에게 설파되어 왔다

"the working man has nothing to lose, and he has everything to gain"

"노동자는 잃을 것이 없고 얻을 것이 다 있다"

the Bourgeoisie movement also offered a chance to confront these platitudes

부르주아 운동은 또한 이러한 진부함에 맞설 수 있는 기회를 제공했다

the French criticism presupposed the existence of modern Bourgeoisie society

프랑스 비판은 현대 부르주아 사회의 존재를 전제했다

Bourgeoisie economic conditions of existence and Bourgeoisie political constitution

부르주아지의 경제적 존재 조건과 부르주아지의 정치 헌법

the very things whose attainment was the object of the pending struggle in Germany

그 달성이 독일에서 계류 중인 투쟁의 대상이었던 바로 그 것들

Germany's silly echo of socialism abandoned these goals just in the nick of time

독일의 어리석은 사회주의 메아리는 아슬아슬한 순간에 이러한 목표를 포기했다

the absolute governments had their following of parsons, professors, country squires and officials

절대정부들은 목사들, 교수들, 시골 지주들, 관리들을 추종했다

the government of the time met the German working-class risings with floggings and bullets

당시 독일 정부는 독일 노동계급의 봉기에 채찍질과 총알로 맞섰다

for them this socialism served as a welcome scarecrow against the threatening Bourgeoisie

그들에게 이 사회주의는 위협적인 부르주아지에 대항하는 환영받는 허수아비 역할을 했다

and the German government was able to offer a sweet

dessert after the bitter pills it handed out

그리고 독일 정부는 쓴 알약을 나눠준 후 달콤한 디저트를 제공할 수 있었습니다

this "True" Socialism thus served the governments as a weapon for fighting the German Bourgeoisie

따라서 이 "진정한" 사회주의는 독일 부르주아지와 싸우기 위한 무기로서 정부들에게 봉사했다

and, at the same time, it directly represented a reactionary interest; that of the German Philistines

그리고 동시에, 그것은 직접적으로 반동적인 이해관계를 대표했다. 독일 블레셋 사람들의

In Germany the petty Bourgeoisie class is the real social basis of the existing state of things

독일에서 소부르주아 계급은 현존하는 사물 상태의 진정한 사회적 기초이다

a relique of the sixteenth century that has constantly been cropping up under various forms

다양한 형태로 끊임없이 자라나고 있는 16세기의 유물

To preserve this class is to preserve the existing state of things in Germany

이 계급을 보존하는 것은 독일의 현존하는 상태를 보존하는 것이다

The industrial and political supremacy of the Bourgeoisie threatens the petty Bourgeoisie with certain destruction

부르주아지의 산업적, 정치적 우월성은 소부르주아지를 확실한 파멸로 위협한다

on the one hand, it threatens to destroy the petty Bourgeoisie through the concentration of capital

한편으로는 자본의 집중을 통해 소부르주아지를 파괴하겠다고 위협한다

on the other hand, the Bourgeoisie threatens to destroy it through the rise of a revolutionary proletariat

다른 한편으로, 부르주아지는 혁명적 프롤레타리아트의 등장을 통해 부르주아지를 파괴하겠다고 위협한다

"True" Socialism appeared to kill these two birds with one stone. It spread like an epidemic

"진정한" 사회주의는 이 두 마리의 새를 하나의 돌로 죽이는

것처럼 보였다. 그것은 전염병처럼 퍼져나갔다

The robe of speculative cobwebs, embroidered with flowers of rhetoric, steeped in the dew of sickly sentiment

수사학의 꽃으로 수놓아진 사색적인 거미줄의 옷은 역겨운 감정의 이슬에 흠뻑 젖어 있었다

this transcendental robe in which the German Socialists wrapped their sorry "eternal truths"

독일 사회주의자들이 그들의 슬픈 "영원한 진리"를 포장한 이 초월적 가운

all skin and bone, served to wonderfully increase the sale of their goods amongst such a public

모든 피부와 뼈는 그러한 대중들 사이에서 그들의 상품의 판매를 놀랍도록 증가시키는 데 기여했다

And on its part, German Socialism recognised, more and more, its own calling

그리고 독일 사회주의는 점점 더 자신의 소명을 인식했다

it was called to be the bombastic representative of the petty-Bourgeoisie Philistine

그것은 쁘띠 부르주아 블레셋의 과격한 대표자로 부름을 받았다

It proclaimed the German nation to be the model nation, and German petty Philistine the model man

그것은 독일 민족을 모범 민족으로, 독일의 하찮은 블레셋 민족을 모범 민족으로 선포하였다

To every villainous meanness of this model man it gave a hidden, higher, Socialistic interpretation

이 모범적인 남자의 모든 악랄한 비열함에 대해 그것은 숨겨져 있는, 더 높은 사회주의적 해석을 주었다

this higher, Socialistic interpretation was the exact contrary of its real character

이 고상한 사회주의적 해석은 그것의 실제 성격과 정반대였다

It went to the extreme length of directly opposing the "brutally destructive" tendency of Communism

그것은 공산주의의 "잔인할 정도로 파괴적인" 경향에 직접적으로 반대하는 극단적인 지경에까지 이르렀다

and it proclaimed its supreme and impartial contempt of all class struggles

그리고 그것은 모든 계급 투쟁에 대한 최고이자 공정한 경멸을

선언했다

With very few exceptions, all the so-called Socialist and Communist publications that now (1847) circulate in Germany belong to the domain of this foul and enervating literature

극소수의 예외를 제외하고, 현재(1847년) 독일에서 유통되고 있는 소위 사회주의와 공산주의 출판물은 모두 이 더럽고 정력적인 문학의 영역에 속한다

Conservative Socialism, or Bourgeoisie Socialism
보수적 사회주의 또는 부르주아 사회주의

A part of the Bourgeoisie is desirous of redressing social grievances
부르주아지의 일부는 사회적 불만을 시정하기를 원한다

in order to secure the continued existence of Bourgeoisie society
부르주아 사회의 존속을 확보하기 위해서

To this section belong economists, philanthropists, humanitarians
이 섹션에는 경제학자, 자선가, 인도주의자가 속합니다

improvers of the condition of the working class and organisers of charity
노동계급의 조건 개선자들과 자선단체의 조직가들

members of societies for the prevention of cruelty to animals
동물 학대 방지 협회 회원

temperance fanatics, hole-and-corner reformers of every imaginable kind
절제 광신자들, 상상할 수 있는 모든 종류의 구멍과 구석구석 개혁가들

This form of Socialism has, moreover, been worked out into complete systems
더욱이 이러한 형태의 사회주의는 완전한 체계로 발전해 왔다

We may cite Proudhon's "Philosophie de la Misère" as an example of this form
프루동의 '미제르 철학'을 그 예로 들 수 있다

The Socialistic Bourgeoisie want all the advantages of modern social conditions
사회주의 부르주아지는 현대 사회 조건의 모든 이점을 원한다

but the Socialistic Bourgeoisie don't necessarily want the resulting struggles and dangers
그러나 사회주의 부르주아지가 반드시 그로 인한 투쟁과 위험을 원하는 것은 아니다

They desire the existing state of society, minus its revolutionary and disintegrating elements
그들은 사회의 혁명적이고 붕괴적인 요소들을 뺀 현존하는

사회의 상태를 갈망한다

in other words, they wish for a Bourgeoisie without a proletariat

다른 말로 하자면, 그들은 프롤레타리아 없는 부르주아지를 원한다

The Bourgeoisie naturally conceives the world in which it is supreme to be the best

부르주아 계급은 자연히 자신이 최고인 세계를 최고로 생각한다

and Bourgeoisie Socialism develops this comfortable conception into various more or less complete systems

그리고 부르주아 사회주의는 이 편안한 개념을 다소간 완전한 다양한 체계들로 발전시킨다

they would very much like the proletariat to march straightway into the social New Jerusalem

그들은 프롤레타리아트가 사회적인 새 예루살렘으로 곧장 행진하기를 매우 원한다

but in reality it requires the proletariat to remain within the bounds of existing society

그러나 실제로 그것은 프롤레타리아트가 기존 사회의 테두리 안에 머물 것을 요구한다

they ask the proletariat to cast away all their hateful ideas concerning the Bourgeoisie

그들은 프롤레타리아트에게 부르주아지에 관한 그들의 모든 증오스러운 관념들을 버릴 것을 요구한다

there is a second more practical, but less systematic, form of this Socialism

이 사회주의의 두 번째 형태는 더 실용적이지만 덜 체계적이다

this form of socialism sought to depreciate every revolutionary movement in the eyes of the working class

이러한 형태의 사회주의는 노동계급의 눈으로 볼 때 모든 혁명적 운동의 가치를 떨어뜨리려 했다

they argue no mere political reform could be of any advantage to them

그들은 단순한 정치 개혁이 자신들에게 아무런 이익이 될 수 없다고 주장한다

only a change in the material conditions of existence in economic relations are of benefit

경제적 관계에서 물질적 존재 조건의 변화만이 유익하다

like communism, this form of socialism advocates for a change in the material conditions of existence

공산주의와 마찬가지로, 이러한 형태의 사회주의는 물질적 존재 조건의 변화를 옹호한다

however, this form of socialism by no means suggests the abolition of the Bourgeoisie relations of production

그러나 이러한 형태의 사회주의는 결코 부르주아지의 생산관계의 폐지를 의미하지 않는다

the abolition of the Bourgeoisie relations of production can only be achieved through a revolution

부르주아지 생산관계의 폐지는 혁명을 통해서만 성취될 수 있다

but instead of a revolution, this form of socialism suggests administrative reforms

그러나 이러한 형태의 사회주의는 혁명 대신 행정 개혁을 제안한다

and these administrative reforms would be based on the continued existence of these relations

그리고 이러한 행정 개혁은 이러한 관계의 지속적인 존재에 기초를 둘 것이다

reforms, therefore, that in no respect affect the relations between capital and labour

따라서 자본과 노동의 관계에 아무런 영향도 미치지 않는 개혁

at best, such reforms lessen the cost and simplify the administrative work of Bourgeoisie government

기껏해야 그러한 개혁은 비용을 줄이고 부르주아 정부의 행정 업무를 단순화할 뿐이다

Bourgeois Socialism attains adequate expression, when, and only when, it becomes a mere figure of speech

부르주아 사회주의는 적절한 표현을 획득하며, 그 때 비로소 그것이 단순한 비유적 표현이 된다

Free trade: for the benefit of the working class

자유무역: 노동계급의 이익을 위해

Protective duties: for the benefit of the working class

보호 의무: 노동계급의 이익을 위해

Prison Reform: for the benefit of the working class

교도소 개혁: 노동계급의 이익을 위해

This is the last word and the only seriously meant word of Bourgeoisie Socialism

이것은 부르주아 사회주의의 마지막 단어이자 유일하게 진지하게 의미있는 단어이다

It is summed up in the phrase: the Bourgeoisie is a Bourgeoisie for the benefit of the working class

그것은 다음과 같은 말로 요약된다: 부르주아지는 노동계급의 이익을 위한 부르주아지이다

Critical-Utopian Socialism and Communism
비판적 유토피아적 사회주의와 공산주의

We do not here refer to that literature which has always given voice to the demands of the proletariat

우리는 여기서 프롤레타리아트의 요구들에 항상 목소리를 내왔던 문학을 언급하지 않는다

this has been present in every great modern revolution, such as the writings of Babeuf and others

이것은 바뵈프(Babeuf)와 다른 사람들의 저술과 같은 모든 위대한 현대 혁명에 나타났다

The first direct attempts of the proletariat to attain its own ends necessarily failed

프롤레타리아트가 자신의 목적을 달성하려는 최초의 직접적인 시도는 필연적으로 실패했다

these attempts were made in times of universal excitement, when feudal society was being overthrown

이러한 시도는 봉건 사회가 전복되던 보편적인 흥분의 시기에 이루어졌다

the then undeveloped state of the proletariat led to those attempts failing

당시 프롤레타리아트의 발전되지 않은 상태는 그러한 시도들을 실패로 이끌었다

and they failed due to the absence of the economic conditions for its emancipation

그리고 그들은 해방을 위한 경제적 조건의 부재로 인해 실패했다

conditions that had yet to be produced, and could be produced by the impending Bourgeoisie epoch alone

아직 생산되지 않았던, 그리고 임박한 부르주아 시대만이 생산할 수 있는 조건들

The revolutionary literature that accompanied these first movements of the proletariat had necessarily a reactionary character

프롤레타리아트의 이러한 첫 번째 운동에 수반된 혁명적 문헌들은 필연적으로 반동적인 성격을 띠고 있었다

This literature inculcated universal asceticism and social

levelling in its crudest form

이 문헌은 보편적인 금욕주의와 사회적 평준화를 가장 조잡한 형태로 주입했다

The Socialist and Communist systems, properly so called, spring into existence in the early undeveloped period

사회주의와 공산주의 체제는, 이른바 이른바 미개발 초기에 생겨났다

Saint-Simon, Fourier, Owen and others, described the struggle between proletariat and Bourgeoisie (see Section 1)

생시몽, 푸리에, 오웬 등은 프롤레타리아트와 부르주아지 사이의 투쟁을 묘사했다(제1부 참조)

The founders of these systems see, indeed, the class antagonisms

이 체계들의 창시자들은 실제로 계급적 적대감을 본다

they also see the action of the decomposing elements, in the prevailing form of society

그들은 또한 사회의 지배적인 형태에서 부패하는 요소들의 작용을 본다

But the proletariat, as yet in its infancy, offers to them the spectacle of a class without any historical initiative

그러나 프롤레타리아트는 아직 초기 단계에 있기 때문에 그들에게 어떤 역사적 주도권도 없는 계급의 스펙터클을 제공한다

they see the spectacle of a social class without any independent political movement

그들은 어떤 독립적인 정치 운동도 없는 사회 계급의 광경을 본다

the development of class antagonism keeps even pace with the development of industry

계급 적대의 발전은 산업의 발전과 보조를 맞춘다

so the economic situation does not as yet offer to them the material conditions for the emancipation of the proletariat

따라서 경제적 상황은 아직 그들에게 프롤레타리아트의 해방을 위한 물질적 조건을 제공하지 않는다

They therefore search after a new social science, after new social laws, that are to create these conditions

따라서 그들은 이러한 조건들을 창조할 새로운 사회과학,

새로운 사회법칙들을 추구한다

historical action is to yield to their personal inventive action

역사적 행동은 그들의 개인적 발명적 행동에 굴복하는 것이다

historically created conditions of emancipation are to yield to fantastic conditions

역사적으로 창조된 해방의 조건들은 환상적인 조건들에 굴복하게 되어 있다

and the gradual, spontaneous class-organisation of the proletariat is to yield to the organisation of society

그리고 프롤레타리아트의 점진적이고 자발적인 계급 조직은 사회의 조직에 굴복하는 것이다

the organisation of society specially contrived by these inventors

이 발명가들에 의해 특별히 고안된 사회의 조직

Future history resolves itself, in their eyes, into the propaganda and the practical carrying out of their social plans

그들의 눈에는 미래의 역사가 그들의 사회적 계획의 선전과 실천적 실행으로 귀결된다

In the formation of their plans they are conscious of caring chiefly for the interests of the working class

계획을 수립할 때 그들은 주로 노동계급의 이해관계를 돌보는 것을 의식한다

Only from the point of view of being the most suffering class does the proletariat exist for them

가장 고통받는 계급이라는 관점에서만 프롤레타리아트는 그들을 위해 존재한다

The undeveloped state of the class struggle and their own surroundings inform their opinions

계급투쟁의 미발전 상태와 그들 자신의 환경은 그들의 의견에 영향을 미친다

Socialists of this kind consider themselves far superior to all class antagonisms

이런 종류의 사회주의자들은 자신들이 모든 계급적 적대보다 훨씬 우월하다고 생각한다

They want to improve the condition of every member of society, even that of the most favoured

그들은 사회의 모든 구성원, 심지어 가장 특혜를 받는 사람들의
상태를 개선하기를 원합니다

**Hence, they habitually appeal to society at large, without
distinction of class**

따라서 그들은 계급의 구별 없이 습관적으로 사회 전반에
호소합니다

**nay, they appeal to society at large by preference to the
ruling class**

아니, 그들은 지배 계급에 대한 선호로 사회 전체에 호소한다

**to them, all it requires is for others to understand their
system**

그들에게 필요한 것은 다른 사람들이 그들의 시스템을 이해하는
것뿐입니다

**because how can people fail to see that the best possible
plan is for the best possible state of society?**

왜냐하면, 가능한 최선의 계획이 사회의 최상의 상태를 위한
것임을 사람들이 어떻게 깨닫지 못할 수 있겠는가?

**Hence, they reject all political, and especially all
revolutionary, action**

따라서 그들은 모든 정치적 행동, 특히 모든 혁명적 행동을
거부한다

they wish to attain their ends by peaceful means

그들은 평화적인 수단으로 목적을 달성하기를 원한다

**they endeavour, by small experiments, which are necessarily
doomed to failure**

그들은 필연적으로 실패할 운명에 처한 작은 실험들을 통해
노력한다

**and by the force of example they try to pave the way for the
new social Gospel**

그리고 그들은 모범의 힘으로 새로운 사회 복음을 위한 길을
닦으려고 노력한다

**Such fantastic pictures of future society, painted at a time
when the proletariat is still in a very undeveloped state**

프롤레타리아트가 아직 매우 발전되지 않은 상태에 있는 시기에
그려진 미래 사회에 대한 이러한 환상적인 그림들

**and it still has but a fantastical conception of its own
position**

그리고 그것은 여전히 자신의 위치에 대한 환상적 개념만을
가지고 있다

**but their first instinctive yearnings correspond with the
yearnings of the proletariat**

그러나 그들의 첫 번째 본능적 갈망은 프롤레타리아트의 갈망과
상응한다

both yearn for a general reconstruction of society

두 사람 모두 사회의 전반적인 재건을 갈망한다

**But these Socialist and Communist publications also contain
a critical element**

그러나 이러한 사회주의 및 공산주의 출판물에는 중요한 요소도
포함되어 있습니다

They attack every principle of existing society

그들은 기존 사회의 모든 원칙을 공격합니다

**Hence they are full of the most valuable materials for the
enlightenment of the working class**

따라서 그들은 노동계급의 계몽을 위한 가장 가치 있는
자료들로 가득 차 있다

**they propose abolition of the distinction between town and
country, and the family**

그들은 도시와 시골, 그리고 가족 사이의 구별을 폐지할 것을
제안한다

**the abolition of the carrying on of industries for the account
of private individuals**

개인 계정을 위한 산업 수행의 폐지

**and the abolition of the wage system and the proclamation
of social harmony**

임금 제도의 폐지와 사회적 화합의 선포

**the conversion of the functions of the State into a mere
superintendence of production**

국가의 기능을 단순한 생산 감독으로 전환하는 것

**all these proposals, point solely to the disappearance of class
antagonisms**

이 모든 제안들은 오로지 계급 적대감의 소멸만을 가리킨다

class antagonisms were, at that time, only just cropping up

그 당시에는 계급 적대감이 막 생겨나고 있었다

in these publications these class antagonisms are recognised

in their earliest, indistinct and undefined forms only
이 출판물들에서 이러한 계급적 적대감은 가장 초기의
불분명하고 불분명한 형태로만 인식된다

These proposals, therefore, are of a purely Utopian character
그러므로 이러한 제안들은 순전히 유토피아적 성격을 띤다

**The significance of Critical-Utopian Socialism and
Communism bears an inverse relation to historical
development**
비판적 유토피아적 사회주의와 공산주의의 의의는 역사적
발전과 반비례한다

**the modern class struggle will develop and continue to take
definite shape**
현대의 계급투쟁은 발전할 것이고 계속해서 분명한 형태를 취할
것이다

**this fantastic standing from the contest will lose all practical
value**
콘테스트에서 이 환상적인 순위는 모든 실용적인 가치를 잃게
될 것입니다

**these fantastic attacks on class antagonisms will lose all
theoretical justification**
계급 적대에 대한 이러한 환상적인 공격은 모든 이론적
정당성을 잃게 될 것이다

**the originators of these systems were, in many respects,
revolutionary**
이 제도의 창시자들은 여러 면에서 혁명적이었다

**but their disciples have, in every case, formed mere
reactionary sects**
그러나 그들의 제자들은 모든 경우에 있어서 단지 반동적인
분파들을 형성하였다

They hold tightly to the original views of their masters
그들은 주인의 본래 견해를 굳게 고수한다

**but these views are in opposition to the progressive
historical development of the proletariat**
그러나 이러한 견해들은 프롤레타리아트의 진보적인 역사적
발전에 반대되는 것이다

**They, therefore, endeavour, and that consistently, to deaden
the class struggle**

그러므로, 그들은 계급투쟁을 무력화시키려고 노력하며, 그것도 일관되게 그렇게 한다

and they consistently endeavour to reconcile the class antagonisms
그리고 그들은 계급적 적대감을 조화시키려고 끊임없이 노력한다

They still dream of experimental realisation of their social Utopias
그들은 여전히 사회적 유토피아의 실험적 실현을 꿈꾼다

they still dream of founding isolated "phalansteres" and establishing "Home Colonies"
그들은 여전히 고립된 "팔란스테레스"를 세우고 "고향 식민지"를 건설하는 꿈을 꾸고 있습니다

they dream of setting up a "Little Icaria" — duodecimo editions of the New Jerusalem
그들은 "작은 이카리아", 즉 새 예루살렘의 십이지장판을 세우는 꿈을 꾸고 있다

and they dream to realise all these castles in the air
그리고 그들은 공중에 떠 있는 이 모든 성을 실현하는 꿈을 꿉니다

they are compelled to appeal to the feelings and purses of the bourgeois
그들은 부르주아지의 감정과 지갑에 호소할 수밖에 없다

By degrees they sink into the category of the reactionary conservative Socialists depicted above
정도에 따라 그들은 위에서 묘사한 반동적인 보수적 사회주의자들의 범주에 속한다

they differ from these only by more systematic pedantry
그들은 더 체계적인 현학에 의해서만 이들과 다르다

and they differ by their fanatical and superstitious belief in the miraculous effects of their social science
그리고 그들은 그들의 사회 과학의 기적적인 효과에 대한 광신적이고 미신적인 믿음에 있어서 다르다

They, therefore, violently oppose all political action on the part of the working class
따라서 그들은 노동계급의 모든 정치적 행동에 격렬하게 반대한다

such action, according to them, can only result from blind unbelief in the new Gospel

그들에 따르면, 그러한 행동은 새로운 복음에 대한 맹목적인 불신에서 비롯될 수밖에 없다

The Owenites in England, and the Fourierists in France, respectively, oppose the Chartists and the "Réformistes"

영국의 오웬파와 프랑스의 푸리에주의자들은 각각 차티스트와 "레포르미스트"에 반대한다

Position of the Communists in Relation to the Various Existing Opposision Parties
기존의 다양한 반대 정당들에 대한 공산주의자들의 입장

Section II has made clear the relations of the Communists to the existing working-class parties

제2부는 공산주의자들과 기존 노동계급 정당들의 관계를 명백히 했다

such as the Chartists in England, and the Agrarian Reformers in America

영국의 차티스트(Chartists)와 미국의 농업 개혁가들(Agriarian Reformers)과 같은 사람들

The Communists fight for the attainment of the immediate aims

공산주의자들은 당면한 목표의 달성을 위해 싸운다

they fight for the enforcement of the momentary interests of the working class

그들은 노동계급의 순간적 이해관계의 관철을 위해 투쟁한다

but in the political movement of the present, they also represent and take care of the future of that movement

그러나 현재의 정치 운동에서 그들은 또한 그 운동의 미래를 대표하고 돌본다

In France the Communists ally themselves with the Social-Democrats

프랑스에서 공산주의자들은 사회민주당과 동맹을 맺었다

and they position themselves against the conservative and radical Bourgeoisie

그리고 그들은 보수적이고 급진적인 부르주아지에 대항하여 스스로를 위치시킨다

however, they reserve the right to take up a critical position in regard to phrases and illusions traditionally handed down from the great Revolution

그러나 그들은 전통적으로 대혁명으로부터 전해져 내려온 문구와 환상에 대해 비판적인 입장을 취할 권리가 있다

In Switzerland they support the Radicals, without losing sight of the fact that this party consists of antagonistic elements

스위스에서 그들은 급진당을 지지하지만, 이 당이 적대적인
요소들로 구성되어 있다는 사실을 잊지 않는다

partly of Democratic Socialists, in the French sense, partly of radical Bourgeoisie

부분적으로는 민주적 사회주의자들, 프랑스적 의미에서는
부분적으로는 급진적 부르주아지

In Poland they support the party that insists on an agrarian revolution as the prime condition for national emancipation

폴란드에서 그들은 민족해방의 최우선 조건으로 농업혁명을
주장하는 정당을 지지한다

that party which fomented the insurrection of Cracow in 1846

1846년 크라쿠프의 반란을 조장한 그 정당

In Germany they fight with the Bourgeoisie whenever it acts in a revolutionary way

독일에서 그들은 부르주아지가 혁명적으로 행동할 때마다
그들과 싸운다

against the absolute monarchy, the feudal squirearchy, and the petty Bourgeoisie

절대왕정, 봉건적 지주, 소부르주아지에 대항하여

But they never cease, for a single instant, to instil into the working class one particular idea

그러나 그들은 단 한 순간도 노동계급에게 하나의 특정한
사상을 주입하는 것을 결코 멈추지 않는다

the clearest possible recognition of the hostile antagonism between Bourgeoisie and proletariat

부르주아지와 프롤레타리아트 사이의 적대적 적대감에 대한
가장 분명한 인식

so that the German workers may straightaway use the weapons at their disposal

독일 노동자들이 무기를 마음대로 사용할 수 있도록

the social and political conditions that the Bourgeoisie must necessarily introduce along with its supremacy

부르주아지가 자신의 우월성과 함께 필연적으로 도입해야 하는
사회적, 정치적 조건들

the fall of the reactionary classes in Germany is inevitable

독일에서 반동계급의 몰락은 불가피하다

and then the fight against the Bourgeoisie itself may
immediately begin

그러면 부르주아지 자체에 대한 투쟁이 즉시 시작될 수 있다

The Communists turn their attention chiefly to Germany,
because that country is on the eve of a Bourgeoisie
revolution

공산주의자들은 주로 독일로 관심을 돌리는데, 그 이유는
독일이 부르주아 혁명의 전야에 있기 때문이다

a revolution that is bound to be carried out under more
advanced conditions of European civilisation

유럽 문명의 보다 발전된 조건 하에서 수행될 수밖에 없는 혁명

and it is bound to be carried out with a much more
developed proletariat

그리고 그것은 훨씬 더 발전된 프롤레타리아트와 함께 수행될
수밖에 없다

a proletariat more advanced than that of England was in the
seventeenth, and of France in the eighteenth century

17세기에는 영국보다 더 진보한 프롤레타리아트가 있었고,
18세기에는 프랑스가 있었다

and because the Bourgeoisie revolution in Germany will be
but the prelude to an immediately following proletarian
revolution

독일에서의 부르주아 혁명은 바로 뒤따르는 프롤레타리아
혁명의 전주곡에 불과할 것이기 때문이다

In short, the Communists everywhere support every
revolutionary movement against the existing social and
political order of things

요컨대, 공산주의자들은 도처에서 현존하는 사회적, 정치적
질서에 대항하는 모든 혁명적 운동을 지지한다

In all these movements they bring to the front, as the leading
question in each, the property question

이 모든 운동들에서 그들은 각각의 주요 문제로서 소유 문제를
전면에 내세운다

no matter what its degree of development is in that country
at the time

당시 그 나라의 발전 정도가 어떻든 상관 없습니다

Finally, they labour everywhere for the union and

agreement of the democratic parties of all countries
마지막으로, 그들은 모든 나라의 민주주의 정당들의 연합과
합의를 위해 도처에서 일한다

The Communists disdain to conceal their views and aims
공산주의자들은 자기들의 견해와 목표를 감추는 것을 경멸한다

**They openly declare that their ends can be attained only by
the forcible overthrow of all existing social conditions**
그들은 자기들의 목적이 현존하는 모든 사회적 조건들을
강제적으로 전복시킴으로써만 달성될 수 있다고 공공연히
선언한다

Let the ruling classes tremble at a Communistic revolution
지배계급이 공산주의 혁명에 떨게 하라

The proletarians have nothing to lose but their chains
프롤레타리아는 쇠사슬 외에는 잃을 것이 없다

They have a world to win
그들에게는 이겨야 할 세계가 있습니다

WORKING MEN OF ALL COUNTRIES, UNITE!
각국의 노동자 여러분, 단결하라!